KB161444

프티부르주아 사회주의 선언

현대 중국의 사상과 이론 02

프티부르주아 사회주의 선언
— 자유사회주의와 중국의 미래

추이즈위안 지음 | 김진공 옮김

2014년 2월 24일 초판 1쇄 발행

펴낸이 한철희 | 펴낸곳 돌베개 | 등록 1979년 8월 25일 제406-2003-000018호
주소 (413-756) 경기도 파주시 회동길 77-20 (문발동)
전화 (031) 955-5020 | 팩스 (031) 955-5050
홈페이지 www.dolbegae.com | 전자우편 book@dolbegae.co.kr
블로그 imdol79.blog.me | 트위터 @Dolbegae79

편집 김혜영
표지디자인 박대성 | 본문디자인 이연경·이은정
마케팅 심찬식·고운성·조원형 | 제작·관리 윤국중·이수민
인쇄·제본 상지사P&B

ISBN 978-89-7199-578-5 (04910)
　　　 978-89-7199-571-6 (세트)
이 도서의 국립중앙도서관 출판시도서목록(CIP)은 e-CIP 홈페이지
(http://www.nl.go.kr/ecip)에서 이용하실 수 있습니다.(CIP제어번호: CIP2013024200)

책값은 뒤표지에 있습니다.

| 현대 중국의 사상과 이론 02 |

자유사회주의와 중국의 미래

프티부르주아
사회주의 선언

추이즈위안 지음 | 김진공 옮김

돌베개

자유사회주의, 공화주의 그리고 신국제주의

2005년에 첫 번째 한국어판 저서 『중국은 어디로 가고 있는가』가 출간된 이후, 나는 줄곧 한국의 학술사상계와 긴밀한 관계를 유지해왔다. 그러던 차에 두 번째 한국어판 저서를 편집하여 번역하는 작업이 진행 중이라는 소식을 전해 들었다. 한국의 진보적 학계에 더욱 깊은 존경과 감사를 표한다. 이 책에 포함된 글 가운데 「프티부르주아 사회주의 선언: 자유사회주의와 중국의 미래」 같은 경우는 중국에서도 인터넷상으로만 간간이 유포되었을 뿐, 전문이 정식으로 발표된 적은 없다. 사실상 한국에서 초판을 출간하는 셈이다.

서문 제목을 '자유사회주의, 공화주의 그리고 신국제주의'라고 붙인 것은(사실 애초에는 이것을 책 제목으로 할 생각이었다.) 이 책에 수록된 글들이 대략 이 세 가지 주제에 관한 내용이기 때문이다. 「'충칭의 경험'과 제도혁신」 「'사회주의적 시장경제'의 경제학적 함의에 대한 재인식」 「프티부르주아 사회주의 선언: 자유사회주의와 중국의 미래」 「헨리 조지, 제임스 미드, 안토니오 그람시: 충칭개혁의 세 가지 이론적 관점」 등 네 편의 글은 프루동과 존 스튜어트 밀에서 제임스 미드에 이르기까지의 '자유사회주의' 이론과 그것을 통해 중국의 개혁 경험, 특히 충칭의 실험을 어떻게 해석할 수 있을지를 집중적으로 논의한다. 보시라이薄熙來 사건 이후 중국 안팎의 여론은 충칭실험을 이미 역사의 무대에서 퇴출된 것으로 간주하고 있다. 그러나 최근 충칭시 시장 황치판黃奇帆이 중국공산당 18기 3중전회에 제출된 중대한 개혁방안의 초안 작성자 가운데 한 명으로 참여한 것을 볼 때, 충칭실험은 결코 퇴색되었다고 할 수 없다. 충칭의 모색을 1977년 노벨경제학상 수상자인 제임스 미드의 '자유사회주의' 이론의 시야 속에 놓고 본다면, 단기적인 정치투쟁의 시각을 넘어서 더욱 광범위한 시야로 중국 개혁개방의 의의를 이해할 수 있을 것이다.

이 책에 실린 글 가운데 「'혼합헌법' 그리고 중국정치의 세 층위 분석」은 '공화주의'의 문제의식을 바탕으로 중국 정치체제 및 그 개혁에 대해 탐구한 초보적 시도의 결과물이다. '공화주의'는 '자유주의'와 더불어 서구 사상의 전통을 구성하는 중요한 흐름이다. 그 연원은 아리스토텔레스와 마키아벨리로 거슬러 올라갈 수 있고, 오늘날은 '케임브리지학파'의 존 포콕John Pocock과 퀜틴 스키너Quentin Skinner 등이 대표한다. '공화주의' 시각에서 보면, 중국의 정치개혁을 '자유주의'와는 다른 시각에서 이해하는 길을 찾을 수 있다. 예컨 대 아리스토텔레스와 마키아벨리는 모두 '선거'를 귀족제의 일환이 라고 보았고, '추첨'이야말로 진정한 민주제라고 여겼다. 이것이 '아 라비안나이트'처럼 뜬구름 잡는 이야기인가? 나는 한국의 독자들과 함께 이에 대해 탐구해보기를 원한다.

이 책에 실린 또 다른 글 「'아시아적 가치' 대 '서구적 가치'라는 사유방식을 넘어서: 인권문제를 보는 시각」과 「제3세계에서 서구중 심주의와 문화상대주의의 초월」 「시바이포 포스트모던: UN인권선 언과 보편적 역사의 여명」은 이른바 '신국제주의'에 대한 초보적인 탐구의 결과물이라고 할 수 있다. 올해는 제1차 세계대전 100주년이 다. 제1차 세계대전이 끝나자, 레닌과 트로츠키의 브레스트-리토브 스크Brest-Litovsk 평화조약과 윌슨 대통령의 14개조 원칙으로 대표되 는 국제주의가 비밀외교와 영토합병을 핵심으로 하는 구舊민족주의 를 밀어내고자 했다. 그러나 상원의회의 반대로, 미국은 제1차 세계 대전 이후 국제주의의 이상을 실현하고자 했던 '국제연맹'에 참여할 수 없었다. 이후 제2차 세계대전이 끝나고 결성된 국제연합UN은 국 제주의라는 이상을 제도로 구현한 것이다. 나는 「시바이포 포스트모 던」에서, 'UN세계인권선언'의 초안을 작성한 주요 인물 가운데 한 명이 내가 재직하고 있는 칭화대학 초대 교무처장 장펑춘張彭春이고, 그가 공자의 '인仁'이라는 이념을 UN세계인권선언의 최종본에 집어 넣었다고 강조한 바 있다. 이런 사실은 '보편적 가치'가 곧 서구적 가 치는 아니라는 점을 명확히 보여준다. 한국의 독자들이 세계인권선언의 초안 작성 과정과 같은 사례를 잘 이해한다면, 중국 국가주석 시진핑智近平이 최근 강조하는 '중국의 꿈'中國夢이 결코 '협소한 민족주의'가 아니라 세계평화, 특히 아시아 태평양 지역의 평화적 발전을 촉진하고자 하는 국제주의 이념임을 이해할 수 있으리라고 본다.

이런 내 주장에 대한 한국 독자들의 비판과 피드백을 간절히 기다린다. 나는 근래 한국의 정치권에서 안철수 의원으로 대표되는 제3세력이 떠오르는 등 기존의 시각으로 설명하기 어려운 역동적 변화가 연이어 발생하는 것에 주목하고 있으며, 그런 변화를 뒷받침하는 이른바 '강남좌파'와 같은 대중적 토대를 매우 흥미롭게 관찰하고 있다. 또한 그들이 내 책에 수록된 '프티부르주아 사회주의'라는 이론을 어떻게 생각할지도 매우 궁금하다.

끝으로, 중국 쪽의 바쁜 일정 때문에 책 출간이 다소 지연되는 것을 너그럽게 이해하고 기다려준 출판사에 다시 한 번 감사드린다.

차 례

한국어판 서문 **자유사회주의, 공화주의 그리고 신국제주의** 4

해제 **프티부르주아 사회주의에서 충칭의 제도개혁까지** 195

| 1부 |
서구 중심의 보편주의를 넘어서

프티부르주아 사회주의 선언
: 자유사회주의와 중국의 미래 13

프루동과 중국의 토지소유제 · 15 | 존 스튜어트 밀과 '현대적 기업제도'의 계보학 · 19 | 제임스
미드와 중국의 주식합자제도 · 22 | 중국의 주식합자제도 · 26 | 브로델, '반시장적 자본주의'와
중국의 부동산 · 29 | 중국과 러시아, 프티부르주아 사회주의와 과두적 자본주의 · 31 | 제임스
미드의 국유주 소유권 뒤집기와 중국정부의 국유주 지분 참여 · 33 | 실비오 게젤, 프티부르주아
사회주의의 금융개혁가 · 37 | 제임스 조이스와 프티부르주아 사회주의 예술 · 40 | 프티부르주
아 사회주의와 포스트포드주의 대량생산 · 41 | 페이샤오퉁과 웅거의 프티부르주아 사회주의 · 54

'혼합헌법' 그리고 중국정치의 세 층위 분석 61

혼합헌법 이론: 아리스토텔레스에서 마키아벨리까지 · 62 | 혼합헌법 이론의 현대적 개조 · 68 |
세 층위 분석법의 응용 · 74

'아시아적 가치' 대 '서구적 가치'라는 사유방식을 넘어서
: 인권문제를 보는 시각 85

공/사 구분과 '개인의 권리'의 상대성 · 85 | 중국 사형제도와 인권문제 · 89 | 중국 언론·출판
의 자유에 관한 정확한 실상 · 90 | 중국 노동조합 조직 과정의 지혜 · 94

제3세계에서 서구중심주의와 문화상대주의의 초월　97

'진보의 가능성'을 보는 두 가지 관점 · 97 ㅣ '인간의 자기긍정'과 진보 · 99 ㅣ 서구중심주의와 문화상대주의의 문제점 · 105

시바이포 포스트모던
: UN인권선언과 보편적 역사의 여명　111

ㅣ 2부 ㅣ
충칭은 중국의 미래가 될 수 있는가

헨리 조지, 제임스 미드, 안토니오 그람시
: 충칭개혁의 세 가지 이론적 관점　125

'충칭실험' 배후의 의도는 무엇인가 · 125 ㅣ 지표거래, 주민등록제 개혁, 헨리 조지의 이론 · 129 ㅣ '국유부문과 민간부문의 공동 발전', 제3재정, 제임스 미드의 자유사회주의 · 142 ㅣ 르네상스, 종교개혁, 그람시의 헤게모니 이론 · 158

'사회주의 시장경제'의 경제학적 함의에 대한 재인식　165

사회주의 시장경제는 구호에 불과한가 · 165 ㅣ 국유자산 가치 증대와 민간 재부 확대의 동시 추구 · 169 ㅣ '자유사회주의'의 실험장 충칭 · 175

'충칭의 경험'과 제도혁신　179

민생개선과 경제발전의 상호보완 · 180 ㅣ '10대 민생공정'의 제도적 토대 · 184 ㅣ '내륙의 개방 근거지' 모델의 혁신 · 192

일러두기

1. 이 책은 추이즈위안의 강연록과 글을 옮긴이가 선별·편집하여 번역한 것이다. 출처는 해당 글 말미에 명기했다.
2. 한국 독자들의 이해를 돕기 위하여 원문의 장·절·소제목 가운데 일부를 수정·변경하였음을 밝혀둔다.
3. 인명, 지명 등의 외국 고유명사 표기는 국립국어원 외래어표기법을 기준으로 삼았다.
4. 페이지 하단에 저자 주는 숫자로, 옮긴이 주는 ●로 표시하여 실었다.

서구 중심의
보편주의를 넘어서

프티부르주아 사회주의 선언
: 자유사회주의와 중국의 미래

하나의 유령, 프티부르주아(소자산 계급) 사회주의라는 유령이 중국과 세계를 배회하고 있다.

무슨 이유로? 세계 각지에서 마르크스주의든 사회민주주의든 모두가 이미 그 정치적·사상적 동력을 상실했고, 신자유주의에 대한 환멸 역시 갈수록 커지고 있기 때문이다.

현재 중국에서 제도가 건설되는 상황은 이해하기 쉽지 않다. 프티부르주아 사회주의라는 이론적 시각으로 바라봐야 비로소 난마 속에서 부분적으로나마 실마리를 찾을 수 있다. 더욱 중요한 점은, 사회주의가 노동자 계급을 영원히 프롤레타리아 계급에 머무르도록 해서는 안 되기 때문에 프티부르주아 계급의 보편화가 미래의 희망이 될 가능성이 있다는 것이다.[1]

프티부르주아 사회주의의 경제적 목표는 개혁과 기존 금융시장

체제의 전환을 통해 '사회주의 시장경제'를 건설하는 것이다. 또한 프티부르주아 사회주의의 정치적 목표는 '경제적 민주주의와 정치적 민주주의'를 건설하는 것이다.

프티부르주아 사회주의는 유구한 전통을 가지고 있다. 그 가운데 가장 중요한 사상가로는 피에르 조제프 프루동Pierre-Joseph Proudhon, 페르디난트 라살레Ferdinand Lassalle, 존 스튜어트 밀John Stuart Mill, 실비오 게젤Silvio Gesell, 페르낭 브로델Fernand Braudel, 제임스 미드James Meade, 제임스 조이스James Joyce, 페이샤오퉁費孝通, 로베르토 망가베이라 웅거Roberto Mangabeira Unger 등이 있다. 마오쩌둥毛澤東도 무의식적으로 프티부르주아 사회주의의 영향을 받았다.

이 글에서 사용하는 '프티부르주아 계급(소자산 계급)'이라는 개념은 농민을 포함한다. 그 점에서 현재 국내에서 유행하는 '중산 계급(중산 계층)'이라는 개념과는 다르다. 필자가 말하는 '프티부르주아 사회주의'는 '소강사회小康社會*의 전면적 건설'과 연결될 수 있다. 중국의 혁명과 건설, 특히 경제체제 개혁 이래의 정책은 사실상 '프티부

1　마르크스와 엥겔스는 「공산당 선언」에서 프티부르주아 계급의 몰락을 예언했다. "현대문명이 발전한 국가에서는 새로운 프티부르주아 계급이 생겨나고 있다. 그들은 프롤레타리아(무산 계급)와 부르주아(자산 계급) 사이에서 동요하면서, 부르주아 사회를 보완하는 부분으로서 끊임없이 재구성된다. 그러나 이 계급의 구성원들은 항상 경쟁으로 인해 프롤레타리아 계급의 대오 속으로 내팽개쳐진다. 그리고 대공업의 발전에 따라 자신들이 조만간 현대 사회의 독립적인 구성부분으로서의 지위를 잃게 되리라는 사실을 깨닫게 된다."(『馬克思恩格斯選集』제1권, 人民出版社, 1995, 297쪽 참조. 〔칼 맑스·프리드리히 엥겔스 지음, 김세균 감수, 『칼 맑스 프리드리히 엥겔스 저작선집』1, 박종철출판사, 1997.〕) 그러나 그들의 예언은 실현되지 않았다. 에릭 올린 라이트Eric Olin Wright의 최근 연구에 따르면, 프티부르주아 계급의 수는 계속 증가하고 있다. Eric Olin Wright, *Class Counts: Comparative Studies in Class Analysis*, Cambridge University Press, 1997 참조.

르주아 사회주의'의 실천과 혁신을 포함한다. 그런데 지금에 이르기까지 이에 대한 제대로 된 이론적 설명은 나오지 않았다.

프루동과 중국의 토지소유제

존 로크John Locke는 '토지사유제는 우선적인 점유에 뿌리를 두고 있다'고 생각했다. 프루동은 이런 로크의 이론에 대해, 인구 증가로 인해 모든 사람이 사적으로 토지재산을 소유할 수는 없게 된다는 점을 강조하면서 도전했다. 프루동은 이렇게 말했다. "생존의 현실이라는 측면에서 본다면, 모든 사람에게는 점유의 권리가 있다. 삶을 위해서 경작하고 노동할 생산수단을 가져야만 하는 것이다. 다른 한편으로, 점유자 수는 출생과 사망의 상황에 따라 끊임없이 변하므로 다음과 같은 규칙이 적용된다. 각 노동자들이 가질 수 있는 생산수단의 수량은 점유자 수에 따라 변한다. 즉 점유는 시종일관 인구에 종속될 수밖에 없는 것이다. 결국 점유물은 불변의 것이 되지 못하므로 결코 재산으로 변할 수 없다. [……] 모든 사람은 평등하게 점유할 권리를 갖는다. 점유 수량은 개인의 의지에 달린 것이 아니

● 중국의 유가儒家에서 구상한 이상사회인 대동사회大同社會보다 한 단계 아래로, 예와 법으로 다스려지는 사회. 덩샤오핑鄧小平은 개혁개방을 추진하면서 향후 중국이 온포溫飽와 소강小康을 거쳐 대동大同의 단계로 나아갈 것이라고 천명했는데, 여기서 온포는 빈곤이 해소되는 단계이고, 소강은 생활의 여유를 누릴 수 있는 수준을 말한다. 2002년 중국공산당 16차 당대회 보고에서 장쩌민江澤民은 전면적인 소강사회의 건설이 당면 과제임을 천명했다.

라, 공간과 인구수가 변하는 상황에 따라 결정되는 것이다. 따라서 재산이란 존재할 수 없다."[2]

프루동의 말은, 토지사유제가 소유자의 무기한 장악을 의미한다면 그것은 인구 변화와 서로 모순된다는 뜻이다. 따라서 모든 사람에게 적용되는 보편적 권리로 이해되는 토지사유제[3]는 사실상 존재할 수 없게 된다.[4] 바꾸어 말하면, 일반적으로 개인의 토지 소유는 일부 소유자가 그것을 무기한 장악하는 것을 의미하는데, 이는 인구 변화에 조응하지 못하므로 결국 모든 사람의 보편적 권리가 되지 못한다는 것이다. 반대로 토지사유제가 인구 변화에 조응할 수 있다면, 이는 소유자가 무기한 장악한다는 의미에서의 사유제는 아니다. 여기서 주목할 점은, 중국이 현재 시행하는 토지소유제가 프루동의 이런 통찰을 증명하고 있다는 것이다.

중국 농촌의 토지는 국가소유가 아니고 개인소유도 아닌, 촌락 공동체의 집단소유이다. 현행의 제도는 '농업토지 (30년) 임대 가정 청부책임제家庭承包責任制'라고 부를 수 있다. 한 가구가 임차하는 토

2　蒲魯東,『什麼是所有權』, 商務印書館, 1963, 82~82쪽. 〔피에르 조제프 프루동 지음, 이용재 옮김,『소유란 무엇인가』, 아카넷, 2013.〕

3　'특수한 권리'와 '일반적 권리'에 대한 허버트 하트H.L.A. Hart의 구별에 근거하여, 제레미 월드론Jeremy Waldron은 '사유제에 대한 주장을 기초로 한 일반적 권리'와 '사유제에 대한 주장을 기초로 한 특수한 권리'를 구분했다. 그가 지적한 것처럼, 프루동은 '사유제에 대한 주장을 기초로 한 일반적 권리'에 반대하는 데서 성공을 거두었다. Jeremy Waldron, *The Right to Private Property*, Oxford University Press, 1988, 324쪽 참조.

4　'프루동의 책략'은 그 자신의 말을 빌려서 이렇게 요약할 수 있다. "재산권이라는 이름으로 제기된 모든 주장은 그것이 무엇이든 결국 필연적으로 평등을 지향하게 되어 있고, 그것은 곧 재산권에 대한 부정으로 이어진다." 蒲魯東, 위의 책, 66쪽.

지 규모는 그 가구의 인구수에 따라 결정된다. 촌락의 모든 구성원은 나이나 성별에 관계없이 동등하게 토지를 분배받을 수 있다. 토지는 촌민위원회村民委員會[5]가 각 가구에 임대하는데, 1980년대 초에는 임대기간이 5년이었고, 1984년에 15년으로 연장되었다가 1993년에 다시 30년으로 연장되었다. 각 가구의 인구수는 시간이 지나면서 결혼이나 출생 및 사망 등에 따라 끊임없이 변하므로, 촌민들은 일반적으로 3년마다 토지 임대기간에 대해 중간 조정을 하고, 5년마다 대규모 조정을 실시한다.

서구의 상당수 좌파 인사들은 중국에서 인민공사人民公社*가 폐기된 이후 '농촌'의 '자본주의적 생산관계'가 이미 '회복되었다'고 잘못 생각한다. 그러나 중국 농촌의 토지소유제는 일종의 프루동식 프티부르주아 사회주의에 부합하는 것이고, 희망과 더불어 내재적 모순을 함께 가지고 있다.

중국은 현재 지속적인 연구를 통해 '농촌토지청부법'農村土地承包法을 제정했고, 가정청부제도를 공고히 하는 기초 위에서 규모의 경제를 촉진하고 도시화를 앞당기려는 시도를 하고 있다. 이는 프티부르주아 사회주의의 위대한 실험이라고 할 수 있다. 프티부르주아 사회주의의 핵심적인 이상 가운데 하나가, 농민을 수탈하지 않으면서 사

---

5 여기서 말하는 촌이란 주로 자연촌自然村을 가리킨다. 경우에 따라서는 토지 임대를 '행정촌'行政村('자연촌'보다 상위의 기구)이 집행한다.
• 중국이 사회주의화를 앞당기기 위한 목적으로 1958년부터 농촌의 생산협동조합인 합작사合作社를 합병해서 만든 조직. 생산조직이면서 정치·사회·행정 조직의 성격을 동시에 가지고 있다.

회화를 통해 대규모 생산을 실현하는 것이기 때문이다. 그리고 이것은 또한 마르크스주의의 정통저인 농업관을 뛰어넘는 중국적 실천이기도 하다.

카를 마르크스Karl Marx는 영국의 현재가 다른 나라의 미래라고 생각했기 때문에 산업프롤레타리아트가 인구의 대다수를 차지하리라고 섣불리 단정했다. 그러나 카를 카우츠키Karl Kautsky가 1899년에 『농업문제』Die Agrarfrage를 쓸 당시 직면했던 가장 큰 난제는 마르크스의 예언이 유럽 대륙에서조차 실현되지 않았다는 것이다. 당시에도 인구의 대다수를 차지하는 것은 여전히 농민이나 수공업자나 사무직원 등 산업프롤레타리아트가 아닌 이들이었다. (「고타강령 비판」에서 독일의 '인민'이 여전히 대부분 '농민'이라는 이유로 '인민국가'라는 개념에 반대했듯이) 농민문제에 대한 마르크스의 이러한 홀시는 이후 독일 사회민주당의 전략 실패에 직접적으로 영향을 미쳤다.

예컨대, 19세기 말 독일 사회민주당은 독일 남부의 빈농과 중농의 지지를 어떻게 이끌어낼 것인가 하는 문제에 직면했다. 1895년 '프랑크푸르트 대표 대회'에서는 사회민주당 '농업위원회'를 구성할 것을 결의하고, 아우구스트 베벨August Bebel과 빌헬름 리프크네히트Wilhelm Liebknecht 등 저명한 지도자들이 위원회의 구성원이 되었다. 그런데 카우츠키는 '자본주의 생산양식 내에서 사회민주당이 농업강령을 갖는 것은 황당한 일'이라는 입장을 고수했다. 자본주의 생산양식이 필연적으로 소농을 도태시켜 소멸하게 만들 것이라는 이유에서였다. 카우츠키는 프리드리히 엥겔스Friedrich Engels가 자신의 관점을 지지한다고 말했다. 엥겔스의 권위 때문에 '농업위원회'에서 독일 남부 사회민주당원들과 베벨의 의견은 묵살되었다. 그리고 사회민주당의 농업정책은 자본주의적 대농장이 소농을 모두 잡아먹기를 기다리는 것으로 정리되었다. '부르주아 국가'를 이용해서 소농을 돕는 일에 반대하게 된 것이다.[6] 독일 사회민주당이 1890년대에 이미 독일에서 가장 많은 표를 얻은 최대 정당이었고 1919년 이후 '바이마르 공화국' 시기에도 또한 집권당이었음을 감안하면, 그들이 '노농연맹' 문제에서 겪은 실패가 카우츠키의 교조주의적 이론과 밀접한 연관이 있음을 어렵지 않게 알 수 있다. 사실 1920년대와 1930년대 독일 (및 이탈리아) 파시즘의 흥성은, 사회민주당이 지지를 얻지 못한 소농 및 그들 정당의 지지를 파시스트 정당이 얻어낼 수 있었기 때문에 가능한 일이었다.[7]

존 스튜어트 밀과 '현대적 기업제도'의 계보학

근래 중국 경제개혁에서는 '현대적 기업제도'를 건설한다는 말이 수시로 사용되고 있다. 그러나 프티부르주아 사회주의가 '현대적 기

---

6 Massimo Salvadori, *Karl Kautsky and the Socialist Revolution: 1880~1938*, Verso, 1990, 56~58쪽.
7 Gregory Luebbert, *Liberalism, Fascism or Social Democracy*, Oxford University Press, 1991, 282쪽.

업제도'의 계보학에서 중심에 자리 잡고 있다는 점을 주목하는 사람은 거의 없다. 사실 프티부르주아 사회주의자인 존 스튜어트 밀[8]은 '현대적 기업제도'의 주요 특징인 '주주의 유한책임'을 제기한 핵심 인물이다.

밀은 동시대 노동자 협동조합의 발전에 대한 관심에서 출발하여 유한책임의 문제를 연구하기 시작했다. 그는 우선 동업기업 partnership 가운데 이른바 '합자조합(합자회사)' 형태를 분석했다. 당시 영국에서는 많은 사람들이 이런 특수한 조합형태를 지지했는데, 그 가운데 기독교 사회주의자들이 가장 큰 주목을 받았다. 이런 조직형태에 따르면, 적극적인 조합 구성원들은 책임과 직책을 연계시키면서 무한책임을 지고, '엉거주춤한 입장'의 조합 구성원들은 기업 경영에 책임을 지지 않기 때문에 유한책임을 진다. 밀은 이런 동업기업 형태를 높이 평가했다. 노동자들이 협회를 조직하여 '자신이 익숙한 상업 활동에 종사'할 수 있는 동시에 '부자들이 가난한 이들에게 자금을 빌려주는 것'도 가능해지기 때문이었다. 이런 형태 속에서 부자들은 '엉거주춤한 입장'의 조합 구성원으로서 유한책임만 지면 됐다. 밀은 이렇게 언급했다.

차입 자본에 의지한 사업이 바람직하지 않다고 대놓고 주장하지 않

---

8 1848년 혁명 이후 존 스튜어트 밀의 사회주의적 이상에 관해서는 Michael Levin, *The Condition of England Question: Carlyle, Mill, Engels*, Macmillan, 1998 참조.

는 한, 이런 합자 관계를 논리정연하게 비난할 수 있는 사람은 없을 것이다. 만약 그렇게 비난한다면 이는 결국 자본을 축적할 시간이 있었거나 운 좋게 자본을 상속받은 사람들이 사업 이익을 완전히 독점해야 한다는 뜻이 되니, 상업이나 공업이 지금처럼 발전한 단계에서 명백하게 불합리한 말이 될 것이다.[9]

1850년에 밀은 영국 의회의 '중산 계급 및 노동자 계급 저축투자 특별위원회'에서 증언을 했다. 여기서 그는 주주가 일반적으로 유한 책임을 지는 기업제도를 만들 것을 건의했다. 자본을 더욱 자유롭게 빌려줄 수 있도록 만들어서, 가난한 이들도 사업을 할 수 있게 하기 위해서였다. 이 제도를 통해 가난한 사람들도 투자에 따른 무한책임으로 파산할 위험을 걱정하지 않으면서, 자신이 저축한 돈을 생산자나 소비자 협동조합에 투자하여 이익을 얻을 수 있었다. 밀과 여타 프티부르주아 사회주의자의 노력으로, 영국 의회는 '1855년 기업일반 유한책임법'the Limited Liability Act 1855을 통과시켰다.

유한책임의 계보를 당대의 경제학자들은 거의 다 잊어버렸다. 그런데 경제사에서 망각된 이 부분을 다시 천명하는 것의 의의는, '현대적 기업제도'가 그 자체로 곧 자본주의적인 것은 아니라는 점을 강조한다는 데 있다. 주주가 만약 '유한책임'만을 진다면, 이는 그들

---

9 John Stuart Mill, *Collected Works of John Stuart Mill*, Vol. 5, University of Toronto Press, 1967, 462쪽.

이 '개인업주'로서 스스로 짊어져야 할 위험을 온전히 감수하지 않는다는 것을 의미하고, 따라서 기업의 이윤 전부를 가져갈 수는 없게 된다.[10] 바꾸어 말하면, 주주가 더 이상 위험을 감수하는 유일한 존재가 아니라는 것이다. 직공도 기업과 제휴한 인력자본으로서 함께 위험을 감수한다. 게다가 주주는 자신의 유가증권을 여러 기업에 분산하여 주주로서의 권리를 다각화할 수 있지만, 노동자는 동시에 여러 기업에서 일을 할 수 없다. 직공의 인력자본은 다각화를 할 수 없기 때문에 더욱 큰 위험을 감수해야 한다는 의미이다. 이런 점은 우리가 중국의 농촌 공업에서 광범위하게 전개되는 제도적 혁신, 즉 주식합자제도를 이해하는 길을 열어준다.

제임스 미드와 중국의 주식합자제도

1977년 노벨경제학상 수상자인 제임스 미드는 현대적인 국민총생산GNP 계산법의 창시자 가운데 한 명이다. 존 메이너드 케인스John Maynard Keynes의 학생이었던 미드는 프티부르주아 사회주의의 전통으로부터 큰 영향을 받았다.[11] 그는 자신의 강령을 줄곧 '자

10 이것이 애덤 스미스가 그의 저서 『국부론』에서 주주의 유한책임제에 반대한 이유 가운데 하나이다.
11 케인스와 프루동 사이에는 게젤을 통한 흥미로운 이론적 연계가 존재한다. 이에 관해서는 Dudley Dillard, "Keynes and Proudhon," *The Journal of Economic History*, 1942년 5월, 63~76쪽 참조.

유사회주의'Liberal Socialism라고 불렀다. 강령의 핵심은 자유주의와 사회주의의 가장 좋은 특징을 결합하는 것이다. 그는 강령의 제도화를 구상하면서 '노자합자기업'Labour-capital partnership과 '사회적 배당'을 양대 구성부분으로 삼았다.

노자합자기업

미드는 외부의 주주는 자본주권資本株券을 갖고 내부의 노동자는 노동주권勞動株券을 갖는 제도를 구상했다. 이런 구상의 운용 메커니즘은 아래와 같이 요약할 수 있다.

노자합자기업에서 노동자와 벤처 자본가는 동업자로서 함께 기업을 관리한다. 자본가가 갖는 자본주資本株는 자본주의적 기업의 보통주普通株에 상응한다. 노동자 동업자는 기업에서 노동주勞動株를 갖는다. 노동주는 자본주와 동일한 비율로 배당받을 권리를 갖지만, 이는 각 개별 노동자 동업자에게만 부여된 것으로, 그 노동자 동업자가 직장을 떠나게 되면 권리가 취소된다. 노자합자기업에서 수익이 발생했음에도 그것이 배당되지 않고 기업 발전을 위해 투입된다면, 그 희생된 배당가치만큼은 새로운 자본주로서 기존의 자본주와 노동주 소유자에게 분배된다. 노자합자기업에서 이런 조화는 노동자와 자본가 사이의 이익 충돌을 현격하게 감소시킨다. 주식소유자에 대한 배당비율을 높임으로써 자기 측의 이익을 도모하려는 그 어떤 결정도 결국 자동적으로 상대 측 주식소유자의 배당비율까지 높

이게 되기 때문이다.[12]

  미드의 노자합자기업은 외부 주주와 내부 노동자 사이의 이익을 조정하는 데 유리할 뿐 아니라, 노동시장에 유연성을 도입하는 데도 중요한 장점이 있다. 서구의 기존 사회민주주의에는 중대한 문제점이 존재한다. 노동시장의 경직화를 동반하는 노동자의 고임금 현상이다. 이는 곧 저효율로 인한 생산량 감소와 취업률 하락을 의미한다. 그런데 노자합자기업에서 노동주로 고정적인 임금 지급을 대체한다면, 임금의 하방경직성을 특징으로 하는 노동시장에 유연성이 일정 정도 도입되는 셈이라고 할 수 있다.

  중국과 여러 탈공산주의 국가에서 '진보'적 세력이 서구에서 시행되는 사회민주주의 정책을 모방하지 않는 것은 매우 중요하다. 서구의 사회민주당은 급진적인 영감을 일찌감치 잃어버렸다. 사회민주당의 강령은 기존 시장경제 체제의 형식에 도전하고 이를 개혁하는 것이 아니라, 그저 사회의 구조적 격차와 계급계층 제도로 인한 후유증을 완화시키는 데 치중한다. 우리는 노자합자기업 같은 여러 급진적인 체제 개혁을 통해서 전통적인 사회민주주의 정책의 부족함을 보완해야 한다. 노동시장의 유연성은 이런 보편적인 관점을 설명하는 한 가지 예에 불과하다.

---

12 J. E. Meade, *Liberty, Equality and Efficiency*, New York University Press, 1993, 85~86쪽.

사회적 배당

미드의 '자유사회주의' 강령의 두 번째 특징은 '사회적 배당'이다. 모든 시민은 어떤 조건에도 구애받지 않고 오직 나이와 가정형편에 따라, 세금이 면제되는 사회적 배당을 받을 수 있다는 것이다. 사회적 배당을 시행하기 위해서는 기본적으로 다음 두 가지를 고려해야 한다. 첫째, 모든 사람에게 동일하고 기본적이며 무조건적인 수입을 제공함으로써 평등을 촉진한다. 둘째, 노동시장의 유연성이 요구하는 변화로부터 영향받지 않는 수입을 제공함으로써, 개인이 감수해야 할 위험을 감소시킨다. 사회적 배당을 주장하는 관점의 핵심은, 각 시민의 재력과 능력을 확대함으로써 종신고용에 매달리지 않도록 하는 데 있다.

사회적 배당은 그 수혜자들이 낮은 수입의 직업이라도 적극적으로 받아들이게 만든다는 점에서, '조건부 수입'을 주장하는 전통적인 사회민주주의 정책보다 우월하다. 이런 현상은 언뜻 보기에 직감적으로 납득이 되지 않을 수도 있다. '무조건적인 사회적 배당'이 낮은 보수의 일자리를 적극적으로 받아들이려는 의욕을 (실업이나 질병 등에 국한된) 조건부 수입보다 더 감소시킬 것처럼 보이기 때문이다. 그러나 이 경우 직감은 사실에 부합하지 않는다. 미드는 다음과 같은 예를 들어서, 그런 직감이 잘못된 것임을 설명했다. "80달러의 사회적 배당에 20달러의 조건부 수입을 보충해서 받는 사람은, 외부에서 벌어들이는 수입이 소득세를 제하고 나서 20달러를 넘기만 하면 적극적으로 외부에서 수입을 얻기 위해 노력한다. 반면 조건부 수입 100달러에 전적으로 의존하는 사람은, 외부에서 100달러에 못 미치는 수입을 얻기 위해 노력할 동기를 갖지 못한다."[13]

중국의 주식합자제도

향진기업鄕鎭企業에 적합한 소유제 형태를 찾기 위해 노력하는 과정에서 중국의 '농민–노동자'와 그들이 속한 지역 정부는 독창적인 제도를 구상했다. '주식합자제도'SCS, Shareholding-Cooperative System[14]가 그것이다. 이 제도와 미드의 '노자합자기업'은 노동주와 자본주를 두고 있다는 점 등에서 서로 유사하다.[15] 다만 이 제도는 자본주를 주로 집단소유, 즉 지역사회의 대표인 향鄕과 진鎭 정부나 위원회에 부속되는 것으로 하고 있다는 점이 특징이다. 이로써 중국 향진기업의 주식합자제도는, 기업 내부의 직공들과 해당 지역사회의 기업 외부 구성원들의 이익을 조화시키는 역할을 수행한다. 그

13　J. E. Meade, 앞의 책, 152쪽.
14　산둥山東, 저장浙江, 안후이安徽에서 3년 동안 시범실시를 거친 후, 1990년 2월에 중국 농업부는 '농민주식합자제기업 임시관리조례'農民股份合作制企業暫行管理條例를 공표했다. 이 조례에서는 이런 소유제가 중국의 향진기업에서 갈수록 더 중요한 형태가 될 것임을 표명하고 있다.
15　이런 제도와 미국의 종업원지주제ESOPs, employee stock ownership plans 사이에는 중대한 차이가 있고, 이 점을 주의하는 것은 매우 중요하다. 종업원지주제는 노동자가 기업에서 수입 분배에 참여하는 것을 권장하되, 과거 노동에 따른 보수를 강제적으로 저축하게 하는 형식을 취할 뿐, 가처분소득을 자유로이 분배받게 하는 형식을 취하지는 않는다. 그러나 '노동주권'은 직공이 현재 시점에 기업에 제공한 노동과 성과에 직접적으로 의거하는 것이고, 과거의 강제적인 저축은 고려대상이 아니다. (J. E. Meade, 1986, 117쪽.)

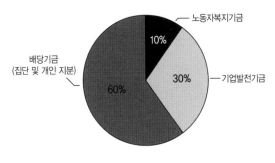

주식합자제도 기업 세후 이윤

메커니즘을 이해하기 위해서, 아래에서는 중국 농촌에서 초기에 시험된 주식합자제도에 대해 간단히 서술하겠다.

1993년 여름에 필자는 산둥성 즈보淄博의 저우周촌 지역에서 한동안 조사활동을 한 적이 있다. 주식합자제도는 인민공사가 폐지된 데 따른 어려움을 해결하기 위한 방편으로 저우촌 지역에서 1982년에 만들어졌다. 집단자산 가운데 (토지를 제외한) 상당 부분이 간단히 분할되지 않는다는 것을 알게 된 농민들은, (예컨대 트럭 같은) 집단자산을 분산해서 팔아치우지 않고(이런 투매 현상은 수많은 여타 지역에서 벌어졌다.) 동일한 기준에 따라 모든 '농민-노동자'들에게 주식으로 발행하여 분배하기로 결정했다. 그런데 얼마 지나지 않아 집단자산을 현재의 노동자 모두에게 개인지분으로 분할해주어서도 안 된다는 것을 깨달았다. 이전 세대의 '농민-노동자'들은 회사를 떠났고, 해당 지역 정부는 초기투자를 진행하고 있었기 때문이다. 그래서 그들은 상당량의 '집단지분'을 유보하여 개인지분으로 분산되지 않게 했다. 이런 집단지분은 지역 내의 회사 외부 단체, 즉 해당 지역 정부기관이나 해당 지역 또는 외지의 여타 기업, 은행, 심지어 대학 및 연구기관을 위해 책정되고 보유되는 것이었다. 앞의 표는 저우촌 지역 주식합자제도의 이윤 분배 현황을 보여준다.

주식합자제도의 등장은 다음의 두 가지 요소가 공동으로 낳은 산물임이 분명하다. 첫째는 (인민공사의 해산과 같은) 중국농촌제도의 변화이고, 둘째는 인민공사 자산의 분할 불가능성으로 말미암아 우연히 도입된 해결방식이다. 따라서 중국의 정책집행자들과 학자들은 이런 새로운 소유제 형태를 평가하는 데 애매한 태도를 취하고 있다. 칼 폴라니Karl Polanyi가 말했듯이 "현재 사람들은 자신들이 창시하고 있는 질서에 대해 제대로 이해하지 못하고 있는 것"[16]이다. 미드의 노자합자기업 구상의 관점에서 보면, 중국의 주식합자제도는 프티부르주아 사회주의의 중요한 제도적 개척이라고 할 수 있다.

미드의 '사회적 배당'은 중국에서 아직까지 그와 유사한 실험을 한 바 없다. 그러나 중국은 자신만의 고유한 사회복지제도를 건설하는 중이고, 조만간 미드의 '사회적 배당' 방안을 중시하여 그 속에서 교훈을 얻게 되리라고 본다.

---

16 1994년에 필자는 중국어로 쓴 한 논문에서 주식합자제도를 일종의 제도적 개척이자 혁신으로 간주한 바 있다. 이 논문은 중국의 고위층이 중국 농촌에서 주식합자제도를 광범위하게 시행하도록 하는 데 영향을 미친 것으로 보인다. 추이즈위안崔之元, 「제도혁신과 제2차 사상해방」制度創新和第二次思想解放, 『베이징청년보』北京青年報 1994년 7월 24일 참조. 장징푸張勁夫는 필자의 글을 주식합자제도 실험을 허락하는 근거로 인용했다. 『장징푸문선』張勁夫文選, 上, 2000, 466쪽 참조.

브로델, '반시장적 자본주의'와 중국의 부동산

대다수 서구 평론가들은 좌파든 우파든 모두 현재 중국이 갈수록 '자본주의'로 변하고 있다고 생각한다. 그런데 '자본주의'란 도대체 무슨 의미인가? 페르낭 브로델의 말을 살펴보자.

나는 여태까지 '자본주의'라는 개념을 대여섯 번 정도밖에 사용하지 않았다. 그리고 여전히 이 개념의 사용을 어떻게든 피하려고 한다. 〔……〕 그런데 개인적으로 오랫동안 노력했지만, 이 골치 아픈 존재를 제거하려는 노력을 끝내 포기하고 말았다. 자본주의라는 개념은 〔……〕 역사학자들과 어휘학자들이 냉정하게 추적해왔지만 〔……〕 그것에 새로운 의미를 부여한 것은 아마도 프레드릭 바스티아Frederic Bastiat와 논쟁을 벌이던 루이 블랑Louis Blanc일 것이다. 그는 1850년에 이렇게 썼다. "내가 말하는 '자본주의'(그는 인용부호를 사용했다.)란 누군가가 타인을 배제한 채 자본을 전용하는 것을 의미한다." 그런데 이 단어는 지금도 여전히 드물게 보인다. 프루동은 가끔이지만 이것을 이렇게 정확하게 사용했다. "토지는 여전히 자본주의의 보루이다." 〔……〕 그리고 다음과 같이 아주 잘 정의 내렸다. "수입의 원천인 자본이, 노동을 통해 그것을 만들어내는 사람들에게 일반적으로 속해 있지 않은 경제 및 사회 체제." 그러나 이로부터 6년 뒤인 1867년에도 이 단어는 여전히 마르크스조차 모르는 상태였다.[17]

가장 중요한 점은 브로델이 '자본주의'와 '시장경제'를 결정적으로 구분하고 있다는 것이다. 그는 이렇게 언급한다. "두 가지 유형의 교환이 존재한다. 하나는 실제적인 교환으로, 경쟁에 기초하며 거의 투명하다. 다른 하나는 고차원적 형태의 교환으로, 복잡하고 억압적이다. 이 두 가지 유형의 활동은 메커니즘도 전혀 다르고, 같은 동인 動因을 가지고 있지도 않다. 자본주의 영역은 양자 중에서 고차원적 형태의 교환 가운데 존재한다."[18] 브로델은 장이 서는 읍내를 첫 번째 교환 형태의 전형적인 장소로 보았고, 원거리무역 독점과 금융투기 등을 자본주의, 즉 두 번째 유형에 속하는 것으로 보았다. 그리고 후자를 본질적으로 '반시장적'이라고 간주했다.

브로델의 '시장경제'와 '자본주의' 구분은 오늘날 중국의 이른바 '사회주의 시장경제'를 이해하는 데 큰 도움을 준다. 두 가지 부동산 시장의 사례를 살펴보면, 브로델의 구분이 갖는 중요한 의의를 설명할 수 있다. 첫 번째 유형은 헤이룽장黑龍江성 허강鶴崗시의 사례를, 두 번째 유형은 광시廣西성 베이하이北海시의 경우를 대표적인 것으로 꼽을 수 있다. 허강시에서는 해당 지역 정부가 토지투기를 금지하자 부동산시장이 이 지역 경제성장의 원동력이 되었다. 이에 비해 베이하이시에서는 (은행에서 대출을 받아 토지시장에 투기하는 방

---

17 Fernand Braudel, *Civilization and Capitalism, 15th-18th Century: The Wheels of Commerce*, University of California Press, 1982, 231~237쪽. 〔페르낭 브로델 지음, 주경철 옮김, 『물질문명과 자본주의』, 까치, 1996.〕
18 Fernand Braudel, *Afterthoughts on material civilization and capitalism*, Johns Hopkins University Press, 1977, 62쪽.

식으로) 부동산개발자와 은행이 서로 결탁했고, 그 결과 일반 민중들이 가격 폭등으로 인해 집을 살 수 없게 되었다.[19] 그러므로 프티부르주아 사회주의는 첫 번째 시장 유형을 지지해야 하고, 두 번째 유형은 거부해야 한다.

중국과 러시아, 프티부르주아 사회주의와 과두적 자본주의

1992년에 러시아는 '어린이를 포함한 모든 공민(시민)에게 액면가 1만 루블의 사유화증권vouchers을 25루블에 살 수 있는 기회를 제공'하는 사유화 계획을 시행했다.[20] 그런데 이런 행복한 시작은 이내 다음과 같은 상황, 즉 브로델이 말하는 과두적 자본주의가 생겨나는 결과로 귀결되었다. 그 원인은 다음과 같다.

1 러시아가 사유화증권, 즉 바우처의 자유로운 매매를 허용했다. 러시아정부의 주요 고문 세 명은 이렇게 보았다. "사유화증권의 거래를 허용하면 사람들은 이 바우처를 즉시 현금으로 바꿀 것이고, 이는 당장 대량소비가 필요한 가난한 사람들에게 도움이 될 것이며 〔……〕 잠재적인 대투자자에게도 기회를 크게 늘려줄 것이다." 확실

---

19 중국 부동산시장의 두 유형에 관한 자세한 상황은 샤오창小强, 「헤이룽장 보고」黑龍江報告, 『시계』視界 2002년 제6기 참조.
20 Maxim Boycko·Andrei Shleifer·Robert Vishny, *Privatizing Russia*, MIT Press, 1995, 83쪽.

히 이 조치는 재산을 부자들의 수중에 다시 집중시켰다. 그것이 바로 이 계획이 의도한 바였다. 당시 러시아의 총리인 빅토르 체르노미르딘Victor Chernomyrdin은 1992년 12월에 이르러서, 사유화증권 발행 계획을 스탈린의 피비린내 나는 농업집단화에 버금가는 일이라고 비판했다.

2　러시아의 사유화 과정에서 각 국유기업은 세 가지 계획 가운데 하나를 선택할 수 있었다. 그중 대개는 두 번째가 선택되었다. 노동자와 경영자는 모두 1992년 7월에 바우처나 현금으로 자산 장부가액의 1.7배의 명목가격으로 전체 주식 가운데 51%의 의결권주식을 구매할 수 있었다. 그리고 나머지 가운데 29%는 반드시 바우처를 통해 일반 대중에게 매각해야 했다. 그런데 노동자들이 개인이 아닌 단체로 주식을 보유하는 것은 금지되었다. 그들은 오직 개인으로서만 주식을 보유할 수 있었다. 이것이 노동자들의 기업통제를 피하기 위해 심사숙고해서 만든 '아나톨리 추바이스Anatoly Chubais 계획'이다.[21] 추바이스는 국가자산관리위원회 위원장이었다. 이 조치가 시행되자 경영자들과 외부의 대투자자들은 노동자들에게서 바우처를 사들이는 데 열중했다. 노동자들은 팔지 않겠다고 버티지도 않았고, 심지어는 보드카 한 병에 바우처를 넘겨주기도 했다.

3　러시아의 사유화는 당시 국유기업 자산에 대한 정확한 평가를 바탕으로 이루어진 것이 아니었다. 인플레이션이나 '무형자산'에 대한

21　Maxim Boycko · Andrei Shleifer · Robert Vishny, 앞의 책, 79쪽.

어떤 고려도 없었다. 추바이스는 1992년 7월에 그저 러시아 국유기업의 장부상 가치를 정관 자본금charter capital으로 삼는다고 선포했을 뿐, 그 밖에 어떤 조정도 시행하지 않았다. 이런 결정은 바우처 매각을 통해 국유자산, 즉 위에서 언급한 두 번째 선택에서 29%의 기업주식을 사들인 새로운 주주들과 (51%의 주식을 매집한) 기업 내부 인원들에게 막대한 이익을 남겨주었다. 결과적으로 러시아 공업자산은 형편없이 낮은 가격에 팔려버린 것이다. 1994년 6월에 바우처 사유화가 마무리되었을 때, 러시아 공업의 가치 총액은 120억 달러에도 못 미쳤다. 이런 결과에 추바이스를 보좌한 세 명의 고문도 놀라움을 감추지 못했다. 어떻게 이런 일이 일어날 수 있는가? "석유와 천연가스와 일부 운수업과 대부분의 제조업을 포함하는 러시아 공업의 전체 자산가치가 일개 기업 켈로그Kellogg에도 못 미친다는 말인가?"[22]

제임스 미드의 국유주 소유권 뒤집기와 중국정부의 국유주 지분 참여

중국에는 현재 두 곳에 증권거래소가 있다. 상하이上海증권거래소(1990년 12월 19일 개장)와 선전深圳증권거래소(1991년 7월 개장)가 그것

---

22 Maxim Boycko·Andrei Shleifer·Robert Vishny, 앞의 책, 117쪽.

이다. 이 두 증권거래소에 상장된 기업의 주식은 일반적으로 세 가지 유형, 즉 국유주, 법인주, 개인주이다. 첫째, 국유주는 (중앙 및 지방) 정부나 정부가 소유한 기업이 보유하는 주식이다. 둘째, 법인주는 여타 주식회사나 은행이 아닌 금융기관, 또는 기타 사회기관이 보유하는 주식이다. 셋째, 개인주는 개별 시민들이 보유하고 매매하는 주식이다. 이는 A주식이라고 부르고, 특별히 외국인 투자자들에게만 개방하는 주식은 B주식이라고 부른다.

상하이 또는 선전의 증권거래소에 상장된 전형적인 중국기업의 주주는 통상적으로 위에 서술한 유형, 즉 국가와 법인과 개인이다. 그 각각은 대략 발행주식의 30%를 차지한다.[23] 1997년 7월까지 모두 590개 기업이 상하이와 선전에 상장되었다. 그런데 이 두 거래소에서 거래가 허락된 것은 개인주뿐이었다. 국유주와 법인주는 절대 매매할 수 없었다.

근래 몇 년 동안, 증권거래소에서의 국유주 매매 허용에 관해 치열한 정책 논쟁이 벌어졌다. 국유주 거래를 반대하는 주요 이데올로기적 근거는, 국유주 거래가 곧 '사유화'를 의미한다는 것이었다. 반면 국유주 거래를 찬성하는 측의 주장은, 설령 정부가 소유한 기업이 그 대부분을 보유하고 있는 국유주라고 하더라도 국가가 정부 인사를 해당 주식의 기업이사회 구성원으로 임명하는 이상, 정부 관원이 기업

---

23 정부의 규정에 따르면, 매매할 수 있는 A주식의 비율은 기업이 최초에 공개 매각한 부분의 25%가 되어야 한다.

경영의 의사결정에 함부로 간여하는 것을 막을 수 없다는 것이다.

어떤 이들은 국가가 주주가 되는 이런 경우는 매우 특수하기 때문에 이에 대해 일반적인 이론적 견해를 내놓기 어렵다고 말할지도 모른다. 그런데 미국의 중요한 자유주의 사상가인 루이스 하츠Louis Hartz는 1776년에서 1860년 사이 펜실베이니아주의 '혼합기업'mixed corporations을 연구한 책을 저술한 바 있다. 여기서 '혼합'이란 주정부가 여타 개인주주들과 함께 주주의 하나가 되는 것을 의미한다.[24] 중국의 경우라면 '국유주 지분 참여'에 해당된다고 할 수 있다. 여기서 미국 주정부가 지분 참여를 자신들의 지출과 공업정책을 위한 불가피한 도구로 삼은 것을 의아하게 여길 필요는 없다. 미국에서 수정헌법 16조를 통해 개인소득세를 합법화한 것은 한참 뒤인 1913년 2월의 일이기 때문이다. (그 이전까지 미국 최고법원은 소득세와 사유재산을 서로 상충되는 것으로 간주했다.[25])

미국 역사에 존재하는 '혼합기업'의 사례는 정부가 주주가 되는 것이 그리 특별하거나 이상한 일이 아니라는 점을 깨닫게 해준다. 또 다른 예로, 제2차 세계대전 이후 영국은 철강, 전기, 철도, 석탄 공업을 국유화했다. 그러나 영국 정부는 단지 잔여청구권residual claims이 없는 잔여관리자residual controller일 뿐이었다. 정부가 "자유

---

24 Louis Hartz, *Economic Policy and Democratic Thought: Pennsylvania 1776~1860*, Harvard University Press, 1948.
25 Robert Stanley, *Dimensions of Law in the Service of Order: Origins of the Federal Income Tax 1861~1913*, Oxford University Press, 1993.

롭게 사용할 수 있는 이윤을 확보하기 위해 수익을 추구한 것이 아니었고, 그 이윤은 국유화의 대가를 보상하기 위해 발행한 국가채권의 이자를 지불하는 것으로 상쇄되었기 때문이다. 즉 정부는 수입 증대에 따른 수익을 추구하지 않는 소유자-관리자가 된 것이다."[26]

제임스 미드는 영국의 국유화 과정을 뒤집을 것을 제안했다. 그는 자신의 제안을 '국유화 뒤집기'Topsy turvy nationalization라고 불렀다. 미드의 제안은, 정부가 주주인 이상 본질적으로 관리권 대신 '잔여청구권'을 가져야 한다는 것이다. 미드는 이런 '국유화 뒤집기'에 두 가지 중요한 장점이 있다고 보았다. 첫째, 정부가 주주로서의 권리를 이용하여 '사회적 배당'을 위해 필요한 경비를 조달할 수 있다. 이로써 사람들에게 최저 수입을 보장한다면 노동시장에 일정 정도의 유연성을 부여할 수 있게 된다는 것이다. 둘째, 정부가 해당 기업에 대해 부분적으로 가지고 있는 미시적 경영 결정권에서 자유로워질 수 있게 된다.

미드의 구상과 정부가 소극적인 주주가 되는 현재 중국의 정책 사이에는 국유주 지분 참여라는 비슷한 점이 있다. 또한 '사회적 배당'이라는 발상 역시 지방의 실천에서 그에 해당하는 사례가 발견된다. 광둥廣東성 순더順德시는 국유주 거래 과정을 통해 '사회보장기금'에 필요한 경비를 조달한 바 있다. 중국에서 국유주 지분 참여와 같은 이런 '국유화 뒤집기'는 기존 금융시장 체제의 개혁을 모색하는

---

26 J. E. Meade, 앞의 책, 1993, 95쪽.

프티부르주아 사회주의의 구상에 중대한 이론적 문제를 제기한다.

실비오 게젤, 프티부르주아 사회주의의 금융개혁가

케인스는 그의 저서 『고용, 이자 및 화폐의 일반이론』에서 사람들을 놀라게 하는 발언을 했다. "미래에는 마르크스보다 게젤에게서 더 많이 배우게 될 것이다."[27] 독일의 상인인 실비오 게젤은 1919년에 바바리아Bavaria 소비에트공화국의 구스타프 란다우어 Gustav Landauer 정부에서 재정장관을 지낸 인물이다. 게젤은 자신을 프루동의 추종자라고 여겼다. 그는 노동이나 상품보다 화폐가 더욱 큰 경쟁력을 가지고 있다고 본 것이 프루동의 가장 중요한 통찰이라고 생각했다. 프루동은 상품이나 노동력을 화폐의 수준으로 끌어올리려 했지만 실패했다. 상품의 본성을 바꾸는 것이 불가능했기 때문이다. 그래서 게젤은 화폐의 본성을 바꾸자고 주장했다. "우리는 상품이 저장의 필요 때문에 안게 되는 손실을 화폐에게도 부과해야 한다. 그러면 화폐는 더 이상 상품보다 우월하지 않게 될 것이다. 누구든지 화폐든 상품이든, 어떤 것을 소유하든 저축하든 아무런 차이가 없게 될 것이다. 그러면 화폐와 상품은 완벽한 등가물이 될 것이다.

27　John Maynard Keynes, *The General Theory of Employment, Interest and Money*, Macmillan and Co., 1936, 234쪽. 〔존 메이너드 케인스 지음, 조순 옮김, 『고용, 이자 및 화폐의 일반이론』, 비봉출판사, 2007.〕

프루동의 문제는 해결될 것이고, 인간이 자신의 능력을 최대한 계발하는 것을 가로막던 족쇄도 사라질 것이다."[28]

구체적으로 말하자면, 게젤은 '스탬프 화폐'stamp scrip, 즉 인지 Stamp를 붙여서 일정 기간 동안만 유효하게 유통되는 화폐를 제안했다. 게젤의 관점에 따르면, 화폐는 교환의 매개체이니 사회적 서비스(단지 공공적 유통의 도구)로 간주해야 하고, 따라서 소량이나마 사용료를 징수할 필요가 있다. 게젤이 살던 시대에는 인지를 붙이는 것이 사용료를 징수하기 위해 통용되는 방법이었다. 지금은 컴퓨터가 광범위하게 사용되므로 훨씬 더 손쉽게 징수를 할 수 있게 되었다.

'스탬프 화폐'가 현실에서 실제로 어떻게 효과를 발휘하는가를 이해하기 위해서는 1930년대 오스트리아에서 있었던 사례를 살펴볼 필요가 있다. 1932년에 오스트리아 뵈르글Worgl시의 시장인 운터구겐베르거Unterguggenberger는 35%에 이르는 실업인구를 해결할 결심을 한다. 그는 그 지역 은행에 저축된 보통화폐를 담보로 삼아서, 오스트리아 화폐 14,000실링에 해당하는 '스탬프 화폐'를 발행했다. 이 '지역통화'가 효력을 갖게 하려면 매달 화폐에 인지를 붙여야 했다. (즉 '스탬프 화폐' 액면가의 1%에 해당하는 인지를 사야 했다.) 인지를 사는 비용은 이 화폐를 보유하고 있는 사람이 물어야 했으므로, 모든 사람이 이 '스탬프 화폐'를 빨리 소비하려 했다. 따라서 이런 소비가 자연스럽게 다른 사람의 일자리를 만들어냈다. 2년이 지

---

28 Silvio Gesell, *The Natural Economic Order*, Free-economy publishing Co., 1936, 9쪽.

나자 뵈르글시는 오스트리아에서 취업률 100%를 달성한 첫 번째 도시가 되었다.

케인스는 '스탬프 화폐'를 적극적으로 지지했다. "법정화폐가 화폐로서 가치를 유지하게 하려면 주기적으로 규정된 비용을 납부하고 인지를 붙여야 하도록 조치함으로써 인위적으로 화폐의 보유 비용을 창출하여 문제를 해결하고자 한 개혁가들은, 올바른 방향으로 나아가고 있는 것이다. 이런 제안의 실제적인 가치는 충분히 고려해볼 필요가 있다."[29]

가장 일반적인 철학의 차원에서 볼 때, 게젤의 '스탬프 화폐'는 화폐의 전통적인 두 가지 기능, 즉 교환의 매개체로서의 화폐와 가치 저장의 도구로서의 화폐를 분리하는 일종의 개혁이라고 할 수 있다. '스탬프 화폐' 그 자체가 화폐의 가치 저장 기능을 소멸시키는 것이다. 이런 분리는 경제의 주요한 문제인 경기침체를 해결하는 데 도움이 된다. 화폐가 교환의 매개체이면서 가치 저장의 도구인 상황에서는, 경제가 침체하게 되면 모두가 소비를 더욱 줄이고 저축을 늘리므로 결과적으로 침체가 더욱 심화되기 때문이다.

게젤의 '스탬프 화폐' 방안은 프티부르주아 사회주의의 경제적 발상에서 나온 생동감 넘치는 사례이다. 즉 시장경제를 폐지하는 것이 아니라, 금융체제의 개혁과 혁신을 통해 훨씬 더 자유롭고 균등한 기회를 보장하는 시장경제를 창조해낼 수 있다. 당면한 세계경제

---

29 John Maynard Keynes, 앞의 책, 355쪽.

침체에 대응하여 미국 연방준비은행이 '스탬프 화폐' 방안을 이미 고려했지만, 이에 반대하는 이익집단 때문에 실현하지 못했다는 사실은 주목할 만하다. 따라서 중국은 조심스럽게 이 구상을 연구하고 실험을 진행할 필요가 있다.

제임스 조이스와 프티부르주아 사회주의 예술

모두 알다시피, 제임스 조이스는 자신을 '사회주의 예술가'라고 여겼다.[30] 그런데 대체 어떤 사회주의인가? 그 해답의 실마리는 『율리시스』 속에서 찾을 수 있다. 레오폴드 블룸Leopold Bloom은 시장 선거에 나서서 이렇게 공언한다.

"나는 시정市政 윤리의 개혁과 명확한 십계명을 지지합니다. 새로운 세계가 낡은 세계를 대체할 것입니다. 유태인도, 무슬림도, 이교도도 모두 단결해야 합니다. 모든 대자연의 아이들은 3에이커acres의 토지와 소 한 마리씩을 [……] 자유로운 화폐, 자유로운 임대, 자유로운 사랑 그리고 자유로운 세속국가의 자유로운 세속교회."[31]

---

30 조이스는 자신의 형제에게 보낸 편지에서 이렇게 말했다. "내 정치적 견해를 박애주의자 같다고 상상한다면 그것은 오류이다. 나는 사회주의 예술가이다." Richard Ellmann ed., *Letters of James Joyce*, vol. 2, Faber and Faber, 1966, 89쪽.

조이스의 사회주의는 분명 프티부르주아 사회주의이다. 위대한 모더니즘 시인이면서 동시에 조이스 작품의 지지자인 에즈라 파운드Ezra Pound가 많은 시간과 노력을 들여서 게젤의 금융개혁 방안을 연구한 것은 이를 입증하는 생생한 사례라고 할 수 있다.[32] 또한 흥미롭게도, 파리에서 조이스와 만난 소련의 영화감독 세르게이 에이젠슈테인Sergej Eisenstein은 조이스의 『율리시스』가 자신의 역동적 몽타주에 큰 영감을 주었다고 여겼다.[33]

조이스나 로버트 무질Robert Musil 같은 위대한 모더니즘 작가들은 프티부르주아 사회주의의 감성을 분명하게 표현했다. 제도의 혁신과 개인의 변신은 이처럼 항상 함께 진행되기 마련이다.

프티부르주아 사회주의와 포스트포드주의 대량생산

일찍이 마르크스는 프티부르주아 사회주의를 '전원시田園詩 같은 환상'이라고 비판했다. 그러나 프루동의 프티부르주아 사회주의는 사회주의 대량생산 자체를 결코 반대하지 않았다. 당대의 사회화된

---

31 James Joyce, *Ulysses*, Random House, 1987, 803쪽. [제임스 조이스 지음, 김종건 옮김, 『율리시스』, 생각의나무, 2007.]

32 Tim Redman, "The Discovery of Gesell," *Ezra Pound and Italian Fascism* 5장, Cambridge University Press, 1991 참조.

33 Gosta Werner, "James Joyce and Sergey Eisenstein," *James Joyce Quarterly*, 1990, 491~507쪽.

대량생산의 새로운 형태인 포스트포드주의는 사실상 프티부르주아 사회주의의 경제 민주주의에 대한 이상과 규모의 경제가 결합된 것이다. 이 점을 충분히 논증하기 위해서는 노동분업이론의 역사적 발전 과정을 되돌아볼 필요가 있다.

마르크스주의의 '생산력 – 생산관계' 이론은 충분히 입증되었다고 보기 어려운 것으로, 기술결정론적 성격을 띠고 있다. 근래 10여 년 사이에 경제사학계에서 나온 새로운 성과는, 영국 산업혁명에 대한 마르크스의 이해에 큰 문제가 있었음을 보여준다. 예컨대, 마르크스는 제니 자동 방적기의 역할을 과도하게 강조하면서, 앤드류 우어Andrew Ure와 제니 방적기의 관계에 대한 자신의 설명이 정확하지 않다는 점은 깨닫지 못했다. 우어는 사실 상업화된 제니 방적기의 생산자들이 선전을 위해 고용한 인물이었을 뿐이다. 기술사에 대한 이해에 이런 오류가 있었기 때문에, 마르크스는 프루동과 논쟁하면서 영국 산업혁명의 보편성을 과장했고, (농업 인구가 훨씬 많은 프랑스에서) 프루동이 높이 평가한 자카르 직조기(현대 컴퓨터의 선구)의 거대한 잠재력을 보지 못했다. 사실 그것은 영국 산업혁명과는 다르면서, 도시와 농촌 간의 충돌과 공업과 농업 간의 충돌을 줄일 수 있는, 기술적으로 진보된 또 다른 길이었다.

마르크스주의가 영국의 제니 자동 방적기를 주목한 것만큼 프랑스의 자카르 자동 직조기를 주목하지 않은 데는 중요한 이론적 원인이 있다. 존 엘스터Jon Elster가 언급했듯이, 마르크스는 "일정한 시기 내에는 효율적인 기술이 오직 하나만 존재할 뿐"[34]이라고 여겼다. 물론 마르크스도 어떤 기술이 생산과정에 도입될 때 영향을 주는 정치적 요인을 항상 강조했다. 자본가가 기계를 도입한 것은 비숙련 아동 노동을 쉽게 이용하고, 상대적 잉여노동시간을 연장하기 위해서였다는 것이다. 그러나 마르크스는 기계에 대한 구상 그 자체에 영향을 미치는 정치적 요인을 완전히 홀시했다. 그는 기계에 대한 구상이 그저 현대 자연과학의 산물이라고만 생각했을 뿐, 현대 과학이 결코 유일하게 효율적인 기계를 구상하지는 않는다는 점을 이해하지 못했다. 예컨대, 자카르 자동 직조기는 카드로 조작을 해서 생산방식 다양화에 대한 수요에 융통성 있게 부응한 반면, 제니 자동 방적기는 단일한 방식으로 생산하여 규모의 경제를 실현할 수 있었다. 여기서 사회정치적 요인을 배제한 채, 이 두 가지 기계에 대한 구상 가운데 어떤 것이 '더 효율적인지'를 추상적으로 판단하는 것은 매우 어려운 일이다.

마르크스는 기계에 대한 구상 그 자체에 영향을 미치는 정치적 요인을 인식하지 못했기 때문에 사실상 애덤 스미스Adam Smith의 분업이론을 뛰어넘지 못했다. 그는 애덤 스미스와 흡사하게 이렇게 말했다. "노동과정의 협업적 성격은 이제 노동수단 자체의 특성에 의해 강제되는 기술적 필연성이 되었다."[35] 뒤에 엥겔스는 「권위에 관하여」라는 글에서 애덤 스미스와 더욱 비슷하게 말했다. "이 공장에

---

34 Jon Elster, *Explaining Technical Change*, Cambridge University Press, 1983, 163쪽.
35 馬克思, 『資本論』 제1권, 人民出版社, 423쪽. 〔칼 마르크스 지음, 김수행 옮김, 『자본론』1, 비봉출판사, 2005.〕

들어서는 사람은 누구든 자주권을 내려놓아라!" 마르크스가 넘어서지 못한 애덤 스미스의 분업이론에는 다음과 같은 두 가지 큰 오류가 있다.

첫째, 가장 중요한 점으로, 애덤 스미스는 '사회적 분업'을 '기술적 분업'으로 단순화했다. 다시 말해서, 애덤 스미스는 '사회적 분업'과 '기술적 분업'이라는 상이한 두 개념을 구분하지 못했다. 『국부론』 첫머리에서 그는 이렇게 말한다. "노동생산력의 가장 큰 향상, 그리고 노동을 운용할 때 드러나는 더욱 발전된 숙련과 기교와 판단력 등은 모두 분업의 결과라고 할 수 있다."[36] 이는 매우 통찰력 있는 견해이다. 그런데 그는 여기서 말하는 '분업'이 가리키는 것이 '기술적 분업'인지 '사회적 분업'인지를 설명하지 않았다. 이른바 '기술적 분업'은 하나의 생산 임무를 상이한 여러 단계로 나누어 완성하는 것을 가리킨다. 그리고 '사회적 분업'은 노동자가 상이한 여러 생산과정으로 나뉘어 배분되는 방식을 가리킨다. 예를 들면, 상이한 여러 노동자들이 각각 상이한 생산단계를 완성하게 할 수도 있고, 한 노동자가 상이한 여러 생산단계를 완성하게 할 수도 있다. 여기서 분명한 점은, '기술적 분업'이 생산과정을 나눔으로써 노동생산성을 최대로 높인다는 것이다. 그러나 '기술적 분업'과 '사회적 분업'이 서로 '대등하게 대응'하는 것은 결코 아니고, 생산과정의 상이

---

36 亞當·斯密, 『國富論』, 商务印书馆, 1981, 5쪽. 〔애덤 스미스 지음, 김수행 옮김, 『국부론』 상·하, 비봉출판사, 2007.〕

한 단계를 반드시 상이한 별개의 노동자가 완성해야 하는 것도 아니다. 예컨대 자동차 조립은 '조립라인'을 통해서도 가능하고 '조립섬' assembly island을 통해서도 가능한데, 두 형식하에서 '사회적 분업'은 각각 다른 것이 될 수밖에 없다. 또한 어떤 생산라인에서 한 노동자가 영원히 하나의 작업만 할 수도 있고, 계속해서 업무를 바꿀 수도 있다. 즉 생산과정의 단계를 나누는 것과 노동자의 작업 배치를 나누는 것은 논리적으로 동일한 개념이 아닌 것이다.

애덤 스미스의 오류는 '기술적 분업'과 '사회적 분업'을 구분하지 않았다는 데 있다. 그는 사실상 '사회적 분업'을 '기술적 분업'으로 단순화시켰다. 유명한 '핀 공장' 사례를 언급하면서 그는 이렇게 말했다. "18가지 생산 공정을 18명의 전문적인 노동자들이 각각 나누어 담당하게 한다. 한 사람은 철사를 뽑고, 다른 사람은 그것을 똑바르게 펴고, 또 한 사람은 그것을 자르고, 또 다른 사람은 그것의 한쪽 끝을 뾰족하게 하고, 다른 한 사람은 그것의 반대쪽 끝을 갈아서 동그란 머리를 붙인다."[37] 분명 그는 생산과정을 기술적으로 나누는 것을 그대로 노동자의 작업 배치를 나누는 것으로 단순화시켰다. 이렇게 되면 생산량은 확실히 늘어나겠지만 생산과정에 대한 노동자들의 이해가 떨어지게 되어, 그들은 그저 수동적으로 관리자의 지시를 받을 뿐, 적극적으로 '전반적인 품질 관리'에 참여할 수 없게 된다. 깊이 생각해볼 점은, 애덤 스미스 자신의 기록에 따르면, 당시에

---

37 亞當·斯密, 앞의 책, 6쪽.

도 그의 분업이론에 대해 (품질이 아닌) 생산량에 관한 이론이라고 문제를 제기한 사람이 있었다는 것이다. 그런데 그는 이를 중시하지 않고, '품질이란 정의하기 어렵다'는 이유로 간단히 언급하고 넘어 갔다. "품질의 좋고 나쁨에 대해서는 사람마다 생각이 다를 수 있다. 그러니 품질에 관한 모든 주장은 신뢰할 만한 것이 못 된다."[38]

애덤 스미스의 생각과 달리, 현대 시장경제에서는 '품질'이 수량 보다 훨씬 중요해졌다. 일본 '토요타'豊田 자동차에서 시작된 품질 경쟁은 애덤 스미스식의 '기술적 분업'과 '사회적 분업'의 일대일 단순 대응 관계를 깨뜨렸다. '토요타 생산방식'의 중요한 혁신은 '적시 생산' 또는 '무재고 생산'에 있다. '무재고 생산'의 뛰어난 점은, 재고비용을 줄일 뿐 아니라 생산에서 품질 문제를 적시에 드러낸다는 것이다. 재고가 있는 상황에서 노동자는 수동적으로 관리자의 지시에 따라 생산에만 몰두하고, 자신의 앞뒤 공정에 있는 반제품의 품질에 대해서는 신경을 쓰지 않는다. 그러나 재고가 없거나 또는 아주 적어지면 노동자는 불가피하게 자신의 앞뒤 공정의 품질에 관심을 갖게 되고, 적극적으로 '팀워크'를 고려해서 작업을 한다. 따라서 적시에 품질 문제를 발견하고 해결하게 되는 것이다.[39]

상하이의 바오산寶山철강회사가 이미 '무재고 생산'과 '전면적 품질 관리'를 성공적으로 실행하고 있고, 그리하여 애덤 스미스의 분

---

38 亞當·斯密, 앞의 책, 236쪽.
39 '무재고 생산'과 '전면적 품질 관리'의 내재적 연관에 대해서는 Richard Schonberger, *Japanese Manufacturing Techniques*, The Free Press, 1982 참조.

업이론, 즉 '기술적 분업'과 '사회적 분업'의 일대일 단순 대응이 중국의 실천을 통해 극복되었다는 점은 특히 주목할 만하다. 바오산철강회사의 2급 철강 생산공장은 따로 창고를 두지 않는다. 따라서 자재 담당 부서는 원자재를 요청하는 전화를 받으면 30분 이내에 현장으로 보내줘야 한다. 바오산철강회사는 '멀티플레이어'大工種와 '리베로'區域工 제도를 운영하고 있다. 이른바 '멀티플레이어'란 자신의 직무 이외에 여타 연관 직무에 대해서도 이해하고 상당한 정도로 익숙한 사람을 가리킨다. 예컨대 전기공이 기계조립도 할 줄 알고 기계조립공이 간단한 전기공 업무도 할 줄 아는 것, 그리고 전기공이나 기계조립공 모두 기중기 조종이나 일반적인 용접 업무를 할 수 있게 되는 것을 말한다. 이른바 '리베로'란 일정한 생산작업 구역 내에서 업무 위치의 제한 없이 '팀워크'를 실행하는 사람을 가리킨다. 재미있는 점은, 바오산철강회사의 말단 작업반장에게 자신의 잠재적 경쟁자를 길러내야 하는 임무가 주어져 있다는 사실이다. 즉 작업반장의 직무 가운데 하나가 해당 작업반의 구성원으로 하여금 '작업반장 자격'을 얻도록 교육하는 것이다. 이 회사에서는 어떤 노동자라도 시험만 통과하면 '잠재적 작업반장'이 된다. 바오산철강회사의 이런 '사회적 분업' 실천은 노동자로 하여금 "평생토록 한 가지 단순한 업무에만 매달리게 하여 그 숙련도를 크게 늘리고자 하는"[40] 애덤 스미스의 이상과는 확연하게 거리가 멀다.

---

40 亞當·斯密, 앞의 책, 8쪽.

바오산철강회사의 사례를 통해서 볼 때, 중국에는 이미 '무재고 생산', '전면적 품질 관리', '노동자의 자주적 참여', '팀워크'를 특징으로 하는 '포스트포드주의 생산방식'이 등장했다고 할 수 있다. '포드주의'는 애덤 스미스의 분업이론을 체계적으로 운용한 결과물이다. 애덤 스미스가 『국부론』을 쓴 것은 18세기 말(1776년)이지만, 그의 분업이론은 19세기 후반(1870년 전후)에 이르러서야 비로소 현실의 사례 속에서 지배적인 지위를 차지하게 되었다. 숙련된 기술자들이 관리자의 지시에 휘둘리기를 원치 않아서 애덤 스미스식의 경직된 분업에 완강하게 저항했기 때문이다. 바퀴 제조공장 주인의 아들이 아버지 공장의 노동자에게 기술을 배울 수밖에 없었다는 영국 역사학자 에드워드 파머 톰슨E. P. Thompson의 서술을 보면, 숙련된 기술자가 작업의 전체 과정에 대해 이해하는 것이 그가 고용주와 협상할 때 주요한 힘이 되었음을 알 수 있다.[41] 그런데 1870년 이후로 비숙련 이민 노동자들이 무더기로 미국에 오기 시작하면서 애덤 스미스식의 분업이 체계적으로 실현될 양대 조건이 마련되었다. 첫째, 비숙련 노동자들이 고용주와 협상할 역량을 상실하면서 '사회적 분업'을 '기술적 분업'으로 단순화하려는 고용주의 노력을 막을 방법이 없어졌다. 둘째, 이민생활이 힘겨운 까닭에, 사회의 평균적 소비 기호taste가 제품의 품질을 중시하지 않고 표준화된 대중적 제품을 선

41　E. P. Thompson, *The Making of the English Working Class*, Vintage Books, 1963, 235쪽.
　〔에드워드 파머 톰슨 지음, 나종일 외 옮김, 『영국노동계급의 형성』상·하, 창비, 2000.〕

호하는 쪽으로 기울었다. 이런 양대 조건은 미국 군사공업에서 유래한 '호환성 부품'interchangable parts 시스템과 결합하여, 마침내 미국을 애덤 스미스식의 분업체제와 대량생산의 선구적 시행 국가로 탄생시켰다.[42] 헨리 포드Henry Ford가 1913년에 만든 'T형 모델', 즉 '포드 생산방식'은 그것의 가장 상징적인 표현이었다. 통계에 따르면, 포드의 자동차 제조공장에는 세계 각지에서 온 노동자들이 30여 개 언어를 사용했다. 애초에 소통이나 협력은 불가능했고, 모두가 조립라인에서 묵묵히 '나사못'처럼 움직였다. 모든 것을 관리자나 엔지니어가 지시한 대로 따라야 했다. 찰리 채플린Charlie Chaplin의 영화 『모던 타임스』에서 묘사한 모습 그대로였다.

'대량생산' 그 자체는 나쁠 것이 없다. 사람들의 수요가 지속적이고 단순한 상황이라면 '규모의 경제'를 통해 생산원가를 낮출 수 있다. 그런데 문제는, 포드주의 '대량생산'은 경직된 '대량생산'이어서 수요의 다양화나 특수화 또는 불안정에 직면할 경우 '비대한 공룡처럼 환경변화에 적응하지 못하는' 위기에 빠지게 된다는 것이다. 이와 관련해서 흥미로운 점은, 뒤늦게 출범한 미국의 제너럴모터스GM가 네 가지 자동차 모델을 생산함으로써, 오로지 한 가지 모델(T형 모델)만 생산한 포드를 이겼다는 사실이다. 1931년에 포드가 미국정부의 잠수함 생산 계획을 수주했지만, 대중적 인기상품의 대량생산

---

42 19세기에 프랑스와 영국과 독일은 사회적·정치적 여건이 미국과 달랐기 때문에, 애덤 스미스식의 분업체제를 체계적이고 충분하게 실현할 수 없었다. Michael Piore·Charles Sabel, *The Second Industrial Divide*, Basic Books, 1984, 41쪽 참조.

에만 적합한 포드 공장의 비숙련 노동자들이 특별한 수요에 따른 생산을 감당하지 못해서 계획 전체가 실패로 돌아간 일은 깊이 새겨볼 만하다.[43] 이는 '포드 생산방식'이 최초로 겪은 심각한 좌절이었다. '포드 생산방식'이 수요의 다양화와 불안정에 유연하게 대응하지 못하는 것은 애덤 스미스 분업이론의 두 번째 오류를 잘 보여준다.

애덤 스미스 분업이론의 첫 번째 오류가 '사회적 분업'과 '기술적 분업'을 구분하지 못한 것이라는 점은 이미 언급한 바 있다. 이제 두 번째 오류를 논의할 때이다. 그의 두 번째 오류는 시장 수요의 안정성 여부에 대한 고려가 부족하다는 것이다. 애덤 스미스는 망치를 만드는 노동자에게 못까지 만들 것을 요구한다면 이는 분명 낭비이고 결국 효율에 영향을 줄 것이라고 여겼다.[44] 그런데 이런 생각은 망치에 대한 시장의 수요가 안정적이라는 가정 위에서만 성립한다. 만약 그 수요가 흔들리게 되면, 망치를 생산하는 '규모의 경제' 자체가 낭비가 되어버린다. 이때 노동자가 못을 생산하는 쪽으로 전환할 수 있다면, 아직은 '범위의 경제'Economy of scope를 실현할 희망이 남아 있게 되는 것이다. 다시 말해서, 애덤 스미스식의 분업, 즉 포드주의는 시장 수요가 안정적인 조건하에서만 '규모의 경제'의 효율을 발휘할 수 있다. 수요가 불안정해지면 기술과 노동자 기능의 '유연성'을 핵심으로 하는 '포스트포드주의' 생산방식이 힘을 발휘한다.

---

43 David Hounshell, *From the American System to Mass Production*, Johns Hopkins University Press, 1984.
44 亞當·斯密, 앞의 책, 8쪽.

'포스트포드주의'는 자동화 기술의 진정한 잠재력이 포드식의 경직된 생산체제를 강화한다고 보지 않고, 유연한 분업과 생산체제가 끊임없이 변하는 시장의 수요에 적응할 수 있도록 견실한 기술적 기초를 제공한다고 여긴다. MIT의 기술사학자인 데이비드 노블David Noble의 연구에 따르면, CNC 공작기계Computer numerical control machinery tools에 적용 가능한 두 가지 프로그래밍 방법이 있다. 하나는 숙련된 노동자가 자신이 일하는 방법을 기록해서 그 기록을 바탕으로 기계의 작동 프로그램에 지시를 내리고 계속해서 조정을 하는 방법이고, 다른 하나는 엔지니어가 처음부터 기계에 통일된 프로그래밍을 해놓는 방법이다. 첫 번째 방법이 이른바 '녹음재생법'Record and Playback으로, 1946년에 미국 제너럴일렉트릭GE의 엔지니어인 라벨 홈즈Lavell Holmes가 고안한 것이다. 숙련공들에게 여전히 큰 자율성을 부여하는 이 방법은, 관리자들이 노동과정을 철저하게 통제하는 데 불리했기 때문에 미국의 기업들에게 외면을 당했지만,[45] 독일과 일본의 CNC 공작기계 제조업체에서는 받아들여졌다. 미국에서는 엔지니어가 처음부터 통일된 프로그래밍을 해놓는 방법을 채택했다. 즉 자동화 기술을 포드식 생산방식의 족쇄 안에 묶어두는 선택을 한 것이다. 그 결과는 불가피하게 생산의 유연성 후퇴로 나타났고, 결국 1970년대에 시작된 세계 경제위기 속에서 자업자득으

---

45 David Noble, *Forces of Production: A Social History of Industrial Automation*, Oxford University Press, 1984, 164쪽.

로 자동차와 전자 산업을 일본에게 내주게 되었다.

이렇게 수세적인 국면을 되돌리기 위해서 미국 기업들은 1970년대 이래 '포스트포드주의'로 고통스러운 변신을 시작했다. 금세기 후반의 가장 영향력 있는 경영학자인 피터 드러커Peter Drucker는 애덤 스미스의 분업이론에 직접적으로 도전한다. 그는 '기술적 분업'과 '사회적 분업'을 구분하지 않은 것을 '논리적 오류'라고 지적했다. 외과의사를 예로 들어, 수술은 당연히 순서를 나누어서 진행해야 하지만('기술적 분업') 각 순서를 모두 다른 사람이 담당해야 하는 것은 아니라고 설명했다. 숙련된 외과의사라면 종종 수술의 여러 순서를 혼자서 담당한다는 것이다.[46] '포스트포드주의'의 '전면적 품질 관리'와 '무재고 생산'은 각 노동자의 능동성을 불러일으키고, 애덤 스미스식의 분업이 노동자의 창조성을 억압하는 것을 깨뜨리고자 한다. 그러나 각 노동자들이 진정으로 적극성을 발휘하게 하는 것은 쉬운 일이 아니다. 그러기 위해서는 생산관계도 그에 상응하게 변혁되어야 하고, 노동자들이 임금 이외에도 이윤을 분배받을 수 있어야 한다. 그런데 이는 불가피하게 자본가와 관리자의 기득권적 이익에 대한 침해로 이어진다. 다만 여기서 중요한 의미가 있는 점은, 비록 자본가 측에서 원치 않는다고 하더라도, 국제경쟁의 압력으로 인해 결국 자본가들은 '팀워크'나 '전면적 품질 관리' 등의 수단에 의지하게 되고

---

46 Peter Drucker, *Management*, Harper&Row, 1973, 199쪽. Peter Drucker, *Practice of Management*, Harper&Row, 1954, 294쪽. 〔피터 드러커 지음, 남상진 옮김, 『피터 드러커·매니지먼트』, 청림출판, 2007.〕

노동자들에게 양보를 하게 된다는 것이다. 1983년 이래 미국에서는 27개 주에서 회사법을 개정하여 주주가 기업의 유일한 소유자라는 개념을 폐기했고, 관리자가 주주에게만 책임을 지는 것이 아니라 확대된 '이해관계자'에게까지 책임을 져야 한다고 명시했다. 그 '이해관계자' 가운데 주요 구성원이 노동자이다.[47] 미국 제너럴모터스의 자회사인 새턴Saturn은 한 걸음 더 나아가서, 두 사람씩으로 구성하는 각 팀의 책임자와 각급 관리자를 고위 경영진과 노동조합이 각각 한 사람씩 임명하도록 하고 있다. 실로 '두 가지 참여, 한 가지 개혁, 세 가지 결합'兩參一改三結合의 구현이라고 할 수 있다.

본질적인 차원에서 볼 때, '포드주의'와 '포스트포드주의'는 '기술적 분업'의 상이한 유형이 아니라, '사회적 분업'과 사회조직의 상이한 모델이라고 할 수 있다.

두 모델의 차이는 아래 표에서 살펴볼 수 있다.

	'기술적 분업'과 '사회적 분업'	노동자 기능에 대한 요구	생산조직 원칙	생산량	생산관계
포드주의	대등하게 대응	비숙련	수동적으로 명령에 복종	대량	경제적 전제주의
포스트포드주의	대응되지 않음	숙련	무재고 생산	대량과 소량 모두 가능	경제적 민주주의

47 미국 27개 주의 회사법 개정 상황에 관해서는 Steven Wallman, "The Proper Interpretation of Corporate Constituency Statutes and Formulation of Director Duties," *Stetson Law Review*, vol. 21, 1991, 163~192쪽.

페이샤오퉁과 웅거의 프티부르주아 사회주의

현대 중국에도 프티부르주아 사회주의는 유구한 전통이 있다. 이 전통에서 페이샤오퉁은 특히 중요한 인물이다. 1930년대부터 페이샤오퉁은 '향촌공업'과 '소도시'城鎭에 관심을 가졌다. 그는 "(향촌공업) 생산품의 수준을 높이는 것은 기술을 발전시키는 큰일大事일뿐 아니라 사회를 재구성하는 큰일"이라고 여겼다.[48] 1930년대 말에 런던에서 브로니슬로 말리노프스키Bronislaw Malinowski를 사사하여 박사논문을 쓸 때 페이샤오퉁은 이렇게 생각했다. "(중국에서는) 농민들이 토지제도에 불만을 가지고 있기 때문에 공산주의 운동의 진정한 성격은 농민봉기가 된다. 〔······〕 단지 임대료 인하나 평균지권平均地權(균등한 토지 소유) 같은 형식의 토지개혁으로는 중국 토지문제의 근본적 해결을 약속할 수 없다. 그런데 이런 개혁도 필수적이고 시급하게 필요하기는 하다. 그것이 농민을 구제하는 결정적인 첫걸음이기 때문이다."[49] 가장 중요한 점은, 페이샤오퉁이 당시(1938년)에 이미 다음과 같이 지적했다는 것이다. "현대 산업사회의 후발주자로서 중국은 자신보다 앞선 국가들이 저지른 과오를 피할 수 있는 위치에 있다. 향촌에서 협력의 원칙을 바탕으로 소규모 공장을 발전시키는 실험이 어떻게 진행되는지를 우리는 주목해왔다. 그 실험은 서

---

48 費孝通, *Peasant Life in China*, Routledge, 1939, 283쪽.
49 費孝通, 위의 책, 285쪽.

구의 자본주의 산업 발전과 다르게, 생산수단의 소유권이 집중되지 않도록 하기 위한 것이다. 온갖 어려움과 심지어 실패까지 겪었지만, 이런 실험은 중국 농촌의 산업 발전이 직면할 미래의 문제와 관련하여 매우 중요한 의미가 있다."[50]

페이샤오퉁이 프루동과 마찬가지로 대공업 자체에 반대하지 않았다는 점은 유의할 필요가 있다.

산업혁명이 시작되었을 때는 증기기관 사용이 주요한 혁신이었고, 이는 산업 배치의 집중을 초래했다. 증기기관과 공작기계 사이에는 분명 밀접한 연관이 필요했고, 따라서 양자를 가깝게 배치하는 것은 매우 경제적인 일이었다. 〔……〕 전력의 사용은 (집중된) 산업 배치를 변화시켰다. (따라서) 전기발전기와 공작기계 사이의 거리는 더 이상 단축될 필요가 없었다. 〔……〕 내연기관이 발명되고 운송에 이용되면서 집중된 산업 배치는 더욱 필요 없게 되었다. 〔……〕 만약 새로운 기계가 열어놓은 새로운 경제적 기회를 대다수 (농촌) 인민들이 함께 누릴 수 없다면, 그것은 민생에 오히려 해로운 영향을 끼치게 될 것이다. (농촌) 인민들이 이런 새로운 기계와 신기술을 많이 이용하면 할수록 그것은 더욱 적절하게 사용될 것이다. 내가 서구 자본주의를 우리의 새로운 산업 발전의 길로 내세우지 않는 것은 바로 이 때문이다.[51]

---

50 費孝通, 앞의 책, 286쪽.

페이샤오퉁의 관심은 근래 포스트포드주의 시대에 소상품생산을 '구제'하려는 로베르토 망가베이라 웅거의 노력과 연관될 수 있다. '소상품생산'이란 비교적 균등한 생산자들이 조직적 협력과 독립적 행위를 혼합하여 수행하는 소규모 경제를 가리킨다. 실증적 사회과학이나 마르크스주의나 모두 이 '소상품생산'을 실패할 것으로 간주했다. 과학기술의 활력과 결정적으로 관련이 있는, 생산과 교환에서 규모의 경제를 배제하기 때문이다. 그런데 웅거의 생각은 달랐다. 그는 '소상품생산'의 역사적 형태를 받아들이지는 않았지만, 그렇다고 배척하지도 않았다. 차라리 새로운 정치 및 경제 체제를 만들어내서 그것을 '구제'하려 했다고 볼 수 있다. 예를 들면, '영구적이면서 무제한적인 사용권 없이도 자본과 기술과 인력을 서로 결합시킬 수 있는 시장조직이라는 방법'을 찾아냄으로써, 규모의 경제에 대한 요구를 만족시킬 수 있다는 것이다. 이런 해법은 웅거의 강령적 성격의 제안 가운데 새로운 재산권제도에 상응한다고 할 수 있다. 이에 관해 다음에서 살펴보자. 여기서 우리는 자영농 민주화와 소규모 자급자족적 재산권을 열망하는 오래된 몽상으로부터 실질적인 대안의 핵심을 구출함으로써, 민주적 이상과 경제적·기술적 활력으로까

---

51   이는 내가 페이샤오퉁費孝通의 『향토중건』鄕土重建(上海觀察出版社, 1948)을 번역한 것이다. 인용된 부분은 '현대적 공업생산의 분산을 가능하게 한 전기와 내연기관'電和內燃機使得分散現代工業生産成爲可能이라는 소제목으로 된 내용의 일부이다. 그런데 이 중요한 부분이 마가렛 파크 레드필드Margaret Park Redfield의 영역본에는 누락되어 있다. (영역본은 *China's Gentry: Essays on Rural-Urban Relations*, University of Chicago Press, 1953.)

지 이어지는 새로운 체제를 만들어낼 수 있다.[52]

재산권을 '권리의 묶음'으로 이해하는 것은 현대의 법률 분석에서 가장 독특한 주제이다. 웅거는 이로부터 긍정적인 민주적 잠재력을 찾아냈다. 그는 전통적인 재산권을 분할해서 권리의 각 부분을 상이한 권리 보유자들에게 나눠주자고 주장했다. 전통적인 소유권을 계승하는 존재로는 기업, 노동자, 국가, 지방정부, 중간 매개조직 그리고 사회기금 등이 있다. 웅거는 전통적인 사유제를 단순히 국유제와 노동자 협동조합으로 바꾸는 것에 반대했다. 이런 변화는 그저 소유자의 신분을 다시 정하는 것에 불과할 뿐, 재산권의 '통일'적 성격을 바꾸지는 않기 때문이다. 그는 재산권이 다음과 같은 세 개의 층위로 구성되는 것을 지지했다. 첫째는 민주적인 중앙정부가 경제적 축적에 대한 사회적 통제를 궁극적으로 결정하기 위해 설립한 중앙의 자본기금, 둘째는 중앙의 자본기금이 경쟁의 기초 위에서 자본을 배분하기 위해 설립한 다양한 투자기금, 셋째는 노동자 집단과 엔지니어와 기업가로 구성되는 말단의 자본 인수자들이다.

우리는 웅거의 '소유권 분리'에 대한 구상을 급진적인 좌파의 전통과 자유주의적 전통이라는 상반된 두 가지 시각에서 평가할 수 있다. 급진적 좌파의 시각으로 볼 때, 웅거의 구상은 프루동의 프티부르주아적 급진주의와 관련이 있다. 프루동은 재산권을 권리의 묶음으로 보는 이론의 선구자이다. 그는 자신의 고전적 저작인 『소유란

---

52   Roberto M. Unger·Zhiyuan Cui ed., *Politics*, Verso, 1997.

무엇인가』에서 '통일적 재산권'을 철저히 비판했다. 경제적 측면으로 보면 웅거의 구상은 어떤 점에서 프루동주의, 라살레주의, 마르크스주의 사상의 종합이라고 할 수 있다. 그는 한편으로는 프루동과 라살레의 프티부르주아적 급진주의를 받아들여서, 경제적 효율과 정치적 민주화를 위해서는 경제의 집중을 배제해야 한다고 여겼다. 그러나 다른 한편으로는 마르크스주의의 프티부르주아 사회주의 비판에 입각해서, 소상품생산이 가지고 있는 고유의 딜레마와 불안정성을 깨달았다. 이런 깨달음 덕분에 그는 국가 차원의 경제정책에 대한 프티부르주아적 급진주의의 뿌리 깊은 혐오에서 벗어날 수 있었다. 그는 정부와 기업이 분업화된 협력을 해야 한다고 제안했다. 이런 제안은, 정부 각 부문 사이의 교착상태를 시급히 해결하여, 제도화된 정치적 동원의 수준을 높이고 유지하며, 시민사회의 독립된 자주적 조직 결성을 심화 확대함으로써, 민주정치를 가속화하는 것을 목표로 하는 개혁과 밀접하게 연관된 것이다.

자유주의적 전통의 관점에서 볼 때, 웅거의 구상은 경제의 집중 배제와 개인의 자유를 향해 나아가려는 노력을 대변한다. 오늘날의 조직화된 조합주의적 '자본주의' 경제는, 산업이 발전된 지역에서 자본과 노동의 기득권적 이익을 보호하기 위해 경제의 분산화와 혁신을 오히려 희생시키고 있다. 웅거의 구상은 집중을 배제한 협력과 혁신이라는 자유주의의 정신을 현재의 신자유주의적 실천이나 사회민주주의보다 훨씬 더 잘 반영하고 있다. 보수화된 전통적 자유주의는 절대적이고 통일적인 재산권을 모든 권리의 모범인 것처럼 여긴다. 재산 권리의 묶음을 분해하여 그것으로 절대적이고 통일적인 재산권을 대체함으로써, 웅거는 자유주의의 전통을 거부하면서도 동시에 풍부하게 만들었다. 그는 좌파라면 모름지기 권리라는 말을 재해석해야 포기해서는 안 된다고 생각했다. 권리의 체계를 다시 세움으로써 그는 프루동-라살레-마르크스를 초월했을 뿐 아니라, 자유주의 전통까지 초월했다.

웅거가 제시한 권리의 체계는 네 가지 유형의 권리를 포괄한다. 면제권immunity rights, 시장권market rights, 불안정화권destabilization rights, 단결권solidarity rights이 그것이다. 이런 점에서, 그가 왜 자신의 구상을 '반자유주의'antiliberal가 아니라 '초자유주의'superliberal라고 했는지 이해할 수 있다. 존 스튜어트 밀의 『자서전』을 읽은 독자라면 누구나, 밀이 정신적 위기를 겪은 후 새로운 사고를 불러일으킨 것이 바로 '초자유주의', 즉 자유주의의 전통적인 형태를 바꿈으로써 자유주의의 갈망을 실현한 것임을 알 것이다.

따라서 우리는 웅거의 강령적인 구상을 프티부르주아 사회주의 전통과 자유주의 전통의 종합으로 간주할 수 있다. 이런 종합은 '자유사회주의'liberal socialism라고 부를 수 있다. 이 '자유사회주의'의 구상은 중국 및 세계에서 마르크스주의, 사회민주주의 그리고 신자유주의와 경쟁할 것이다.

프티부르주아 계급은 전 인류가 해방된 후에야 비로소 자신을 해방할 수 있다![53]

전 세계의 프티부르주아 사회주의자여, 단결하라!

* 『현대화, 글로벌화 그리고 중국의 길』現代化, 全球化與中國道路(社會科學文獻出版社, 2003)에 수록.

53 근대사에서 프티부르주아 계급의 정치적 성향에 관해서는, 역사학자들 사이에도 이론異論이 존재한다. 아노 마이어Arno Mayer는 프티부르주아 계급이 보수와 급진 사이에서 동요하다가 1871년 이후 점차 보수화되었다고 본다. (Arno Mayer, "The Lower Middle Class as Historical Problem," *Journal of Modern History*, 1975년 9월, 409~436쪽.) 조지 오웰George Orwell은 프티부르주아 계급에 관해 다음과 같이 뛰어나게 서술했다. "이 계급의 진정한 중요성은 그들이 부르주아 계급의 완충장치라는 데 있다." (George Orwell, *The Road to Wigan Pier*, Victor Gollancz Ltd., 1937. [조지 오웰 지음, 이한중 옮김, 『위건 부두로 가는 길』, 한겨레출판, 2010.]) 한편 리처드 해밀턴Richard Hamilton은 독일 파시즘에 관한 중요한 연구에서, 히틀러의 가장 유력한 지지 세력이 프티부르주아 계급이 아니라 대부르주아 계급이었다고 밝혔다. (Richard Hamilton, *Who Voted for Hitler*, Princeton University Press, 1982.) 이 글에서 제기하는 프티부르주아 사회주의 강령은 프티부르주아 보수주의와는 단절하고 프티부르주아 급진주의의 전통은 혁신한 것이라고 볼 수 있다.

'혼합헌법' 그리고 중국정치의 세 층위 분석

이 글은 중국정치를 분석하는 새로운 시각을 제공하기 위해 쓴 것이다. 이 새로운 시각은 현재 유행하고 있는 '국가/시민사회'라는 두 층위 분석과 대비하여 '세 층위 분석'이라고 이름붙일 수 있다. 이른바 '세 층위'란 '상층(중앙정부)', '중층(지방정부와 신흥자본세력)', 그리고 '하층(임금노동에 종사하는 절대다수의 일반 국민)'을 말한다. 이런 구분은 아리스토텔레스Aristotle가 그의 저서 『정치학』에서 말한 '1인'one, '소수인'few, '다수인'many이라는 삼분법의 현대적 변용이라고 할 수 있다. 당唐나라 때 유종원柳宗元의 「봉건론」封建論으로 대표되는 중국의 전통적인 정치적 지혜는, '황제'와 '지방관원 및 대부호'와 '절대다수 소농'의 삼자관계를 바라보는 뛰어난 안목을 보여준다. 당시 유종원은 이미, 황제가 절대다수 소농과 연대하고 그들에게 의지해야 비로소 지방 대부호의 역심을 억누를 수 있다고 생각했다. 그런데 황제 자신은 농민의 '민주적 감독'을 전혀 받지 않았고, 또한 농민의 반란을 두려워했기 때문에, 황제와 농민의 연합은 결코 확고할 수 없었다. 결국 현대적인 민주제도가 있어야만 '상', '중', '하'의 세 층위가 상호작용하는 바람직한 순환을 초보적으로나마 이룰 수 있는 것이다.

이 글은 세 부분으로 나뉜다. 첫 번째 부분에서는 아리스토텔레스에서 니콜로 마키아벨리niccolò machiavelli에 이르기까지 '혼합헌법' 사상의 역사를 서술하고, '세 층위' 분석법의 역사적 연원을 밝힌다. 두 번째 부분에서는 고대 '혼합헌법' 이론에 대한 장 자크 루소Jean-Jacques Rousseau의 현대적 변용을 분석함으로써 '세 층위' 분석법을 현대 민주주의 이론의 기초 위에 세운다. 세 번째 부분에서는 '세 층위' 분석법의 응용 사례로서, 서구와 중국의 몇 가지 사례를 살펴본다.

혼합헌법 이론: 아리스토텔레스에서 마키아벨리까지

정치체제의 '삼분법'에 대한 연구는 아리스토텔레스의 '혼합헌법' 또는 '혼합정체' 이론까지 거슬러 올라갈 수 있다. 이른바 '혼합' 이란 군주monarchy, 귀족aristocracy 그리고 민주democracy라는 요소가 합쳐진 것이다. 아리스토텔레스에 따르면 이 세 가지 요소는 곧 "'1인', '소수인', '다수인'의 권력이라고 볼 수 있고, 민주제와 귀족정은 빈곤과 부에 따라 진정하게 구별되는 것으로, 〔……〕 가난한 이들이 통치하는 것이 바로 민주제이다."[1] 플라톤Plato과 아리스토텔레스는 모두 순수한 민주적 정치체제를 가장 이상적이지 않은 것으로 보았으나, '다수인'의 적대감을 완화하기 위해 '혼합정체' 내에 '민주'를 위한 몫을 허용하는 것에는 반대하지 않았다. 고대 그리스 정치철학의 지혜를 종합하면서, 고대 로마의 정치가 마르쿠스 툴리우스 키케로Marcus Tullius Cicero는 '혼합정체'의 정수를 다음과 같이 설명했다.

신민에 대한 군주의 부애父愛, 정무를 논의하는 귀족의 지혜 그리고 자유에 대한 인민의 갈망을 하나의 용광로에 융합하되, 인민의 자유는 귀족의 의지가 실현될 수 있는 범위 내에서만 허용해야 한다.[2]

아리스토텔레스의 '혼합헌법'[3] 이론의 요지는 '1인에 의한 통치(왕정 또는 군주정)', '소수인에 의한 통치(귀족정)' 그리고 '다수인에 의한 통치(민주제)'의 가장 이상적인 균형 상태를 모색하는 데에 있다. 그는 정치체제의 '삼분법'에 관한 연구를 창시했으며, '귀족정'과 '민주제'의 계급적 구성을 명확하게 밝혔다. 그러나 아리스토텔레스의 '삼

---

1 亞裏士多德, 『政治學』, 商務印書館, 1996, 133쪽. 〔아리스토텔레스 지음, 천병희 옮김, 『정치학』, 도서출판 숲, 2009.〕
2 Cicero, *De Legibus III*. 〔마르쿠스 툴리우스 키케로 지음, 성염 옮김, 『법률론』, 한길사, 2007.〕
3 영어로 'mixed constitution' 또는 'balanced constitution'으로 번역된다.

분법'은 기본적으로 정태적인 분류법으로, 정치체제의 변화 발전에 대한 동태적 고찰이 결여되어 있다.[4]

아리스토텔레스보다 조금 늦은 시기의 인물로, 그리스에서 로마로 추방당했던 역사학자 폴리비우스Polybius는 '군주정'과 '귀족정'과 '민주제'가 순환하며 반복되는 '법칙'에 대해 한층 진전된 논의를 전개했다. 이를 간략히 정리하면 다음과 같다. '군주정'은 애초에 유능한 지도자가 건설하지만, 이후 그 계승자가 종종 쉽게 부패하여 '참주제'로 퇴화된다. 그러면 귀족들이 앞장서서 민중을 거느리고 '참주제'를 전복하여 '소수인에 의한 통치', 즉 '귀족정'을 건설한다. 그러다가 귀족의 후예들이 독단과 횡포를 일삼으면서 '귀족정'은 '과두제'로 퇴화되고, 이에 평민들이 분기하여 '귀족정'을 뒤집어엎고 '민주제'를 건설한다. 그리고 '민주제'에서 군중들이 점차 서로를 존중하지 않게 되면 '무정부상태'가 초래되고, 결국 '군주정'이 이를 대신해서 질서를 회복하게 된다. 새롭게 '군주정-귀족정-민주제'의 순환이 시작되는 것이다.[5]

이를 감안해서 폴리비우스는 '군주정'과 '귀족정'과 '민주제'의 결합이야말로 '가장 좋고' '가장 안정적인' 정치체제라고 강조했다. 그리고 '혼합헌법'의 원리에 정통했던 대표적인 인물로 고대 스파르

---

4 하비 맨스필드Harvey Mansfield는 한 걸음 더 나아가서, 아리스토텔레스의 '혼합정체'에 '왕권'에 대한 깊은 논의가 부족하다고 여겼다. 마키아벨리의 『군주론』에 이르러서야 비로소 이 공백이 채워졌다는 것이다. H. Mansfield, *Taming The Prince*, 제3장, The Johns Hopkins University press, 1993 참조.

5 Polybius, *The Rise of the Roman Empire*, vol. 6, Penguin Books, 1979.

타의 입법자인 리쿠르고스Lycurgus를 꼽았다. 스파르타에는 주로 전쟁을 책임지는 두 명의 왕이 있었고, 덕망이 높은 60세 이상의 귀족 28명으로 구성되는 원로회의 '게루시아'Gerousia가 왕을 감독했다. 또한 전체 남성 시민으로 구성되는 '시민회의'가 관리를 선출했다. 그런데 아테네와 달리 스파르타에서는 '시민회의'의 일반 구성원들에게 발언권이 없었다. 그저 귀족들의 발언을 들을 권리만 있을 뿐이었다.[6] 모든 이해당사자들을 다 고려하는 이런 '혼합헌법'은 스파르타에 800년 동안의 안정을 가져다주었다. 반면 아테네에서는 솔론Solon의 급진적 개혁으로 귀족들이 심각한 타격을 입게 되었고, 급기야 솔론조차도 이내 쫓겨나고 말았다.[7]

이탈리아 르네상스 시기 사상계의 거인 마키아벨리는 아리스토텔레스와 폴리비우스의 '혼합헌법' 이론을 계승하여 발전시켰다. 마키아벨리는『로마사 논고』제1편에서, 스파르타의 '혼합헌법' 성공에 관한 폴리비우스의 관점을 상세하게 서술하고, 이어서 더욱 중요한 문제를 제기했다. "만약 리쿠르고스처럼 '혼합헌법'에 정통한 '입법자'가 없었다면 어찌 되었을까?"

마키아벨리의 대답은 이랬다. 로마는 공화국 시기에 평민과 귀족의 투쟁 끝에, 평민 가운데 10명의 호민관을 선출하여 평민의 이익

---

6 Elizabeth Rawson, *The Spartan Tradition in European Thought*, Oxford University Press, 1969, 4쪽.
7 솔론의 개혁이 귀족에게 입힌 타격에 관해서는『꾸쥰문집』顧准文集, 貴州人民出版社, 1994, 173쪽 참조.

을 대표하게 했으니, 객관적으로 볼 때 평민과 귀족의 투쟁이 낳은 균형이 '혼합헌법'을 형성한 것이지, 리쿠르고스와 같은 입법자의 설계는 필요치 않았다는 것이다.[8] 그는 한 걸음 더 나아가 로마의 농업법을 예로 들어, 그 법의 두 가지 주요 내용, 즉 토지 소유의 상한선을 정하고, 전쟁으로 획득한 새로운 토지는 평민에게 균등하게 배분한다는 것에 대해 귀족들이 불만을 품었지만, 결국 그 법이 로마 공화국의 수명을 연장시켰다고 설명했다.[9]

이렇게 마키아벨리는 '혼합헌법' 이론을 새로운 단계로 상승시켰다. '혼합'은 더 이상 '입법자'의 설계에 따른 결과가 아니고, 사회적 충돌의 산물이 된다. '혼합헌법'의 절묘한 점은 '군주'와 '귀족'과 '민주'라는 세 요소의 정태적인 균형에 있지 않고, '혼합헌법'을 채택한 '공화'적 정치체제가 더욱 기민한 임기응변의 능력을 갖게 되고, 무상한 운명을 더욱 잘 지배할 수 있게 된다는 데 있다. 마키아벨리에게 '공화정'은 '혼합헌법'과 동의어로, 단일한 '군주정'보다 훨씬 풍부한 생명력을 가지고 있는 것이다. 사람들은 종종 마키아벨리의 또 다른 명저 『군주론』 때문에 그가 '군주정'을 주장한 것으로 생각하지만, 그는 이렇게 분명히 언급한 바 있다. "'새로운 군주'가 국가를 세운 뒤, 이 새로운 국가와 자신의 영광을 유지하는 가장 좋은 방법은

---

8 Niccolò Machiavelli, *The Discourses*, Penguin Books, 1970. 마키아벨리는 로마 황제 타르퀴니우스Tarquin(재위 B.C.534~B.C.509)가 죽은 뒤 평민에 대한 귀족의 압박이 심해져서 평민과 귀족 사이의 투쟁이 격화되었다고 강조한다.
9 Niccolò Machiavelli, 위의 책.

공화제를 건립하는 것이다."[10] '군주'와 '귀족'과 '민주'라는 세 요소
는 '공화제' 하에서 환경의 변화에 따라 기민하게 적절한 비율로 결합
될 수 있기 때문이다.

주목할 점은, 마키아벨리가 '혼합헌법'의 '세 층위' 가운데 '군주'
와 '인민' 사이의 좋은 관계를 특히 중시했다는 것이다. 그는 군주에
게 이 관계가 귀족과의 관계보다 더 중요하다고 여겼다. 그는 이렇
게 분명히 주장했다.

만약 어떤 이가 인민의 지지로 군주의 자리를 얻게 된다면, 주위에
자신에게 복종하지 않는 사람이 없거나 아주 소수일 것이기 때문
에, 자신이 당당히 홀로서기를 했다고 생각할 것이다. 군주는 타인
을 해치지 않고 공정하게 일을 처리함으로써, 귀족의 욕망은 만족시
키지 못하지만 인민은 만족하게 할 수 있다. 인민은 귀족보다 더 공
정한 목표를 추구하기 때문이다. 귀족은 타인을 억압하기를 원하지
만, 인민은 그저 억압을 당하지 않기만을 바랄 뿐이다. 게다가 인민
이 불만을 잔뜩 품는다면 군주는 영원히 안전을 보장받지 못할 것이
다. 인민이 다수이기 때문이다. 반면 귀족은 수가 적기 때문에, 군주
는 안전을 위협받지 않고서도 귀족에 맞설 수 있다.[11]

10   Niccolò Machiavelli, 앞의 책. 루소는 마키아벨리의 의중이 '공화제'에 있음을 일찍이 알았다.
盧梭, 『社會契約論』, 商務印書館, 1994, 95쪽 참조. 〔장 자크 루소 지음, 김중현 옮김, 『사회계약론』,
펭귄클래식코리아, 2010.〕
11   馬基亞維利, 『君主論』, 商務印書館, 1988, 46쪽. 〔니콜로 마키아벨리 지음, 강정인·김경희 옮
김, 『군주론』, 까치글방, 2008.〕

'군주'와 '인민'이 연대해야 한다는 마키아벨리의 생각은 이 글의 서두에서 서술한 유종원의 '봉건론'과도 내용이 거의 일치한다.

이상을 통해, '혼합헌법'과 그것이 내포하고 있는 정치체제에 대한 '세 층위 분석법'이 아리스토텔레스에서 마키아벨리에 이르기까지 서구 정치사상의 주류였음을 알 수 있다. 그런데 '혼합헌법' 이론은 '공화정' 이론일 뿐, 현대 민주주의 이론과는 별개라는 사실을 인식해야 한다. 현대 민주주의 이론과 '공화정' 이론이 구별되는 결정적인 부분은, 전자의 경우 '인민주권'popular sovereignty을 토대로 하는 반면 후자의 경우는 이런 토대가 결여되어 있다는 것이다. 따라서 '혼합헌법'을 현대 민주주의 이론에 따라 개조해야만 그 속에 내재된 '세 층위 분석법'의 합리적인 요소들이 새로운 생명력을 얻게 될 것이다.

혼합헌법 이론의 현대적 개조

존 로크John Locke는 '인민주권' 이론의 정립에 중대한 공헌을 한 인물이다. 그는 자신의 저서 『통치론』 제2권의 마지막 장인 「정부의 해체에 관하여」에서 '사회의 해체'와 '정부의 해체'를 구별하여, '정부의 해체' 이후에 권력이 인민의 수중으로 돌아가게 된다고 여겼다.

만약 정부가 해체된다면 인민은 자유롭게 새로운 입법기관을 만들 수 있을 것이고, 구성원 인선이나 조직형태 또는 양 측면 모두를 기존의 입법기관과 다르게, 자신의 안전과 이익에 가장 유리하다고 여기는 쪽으로 정할 수 있을 것이다.[12]

'정부의 해체'가 '사회의 해체'와 같은 것이 아니라는 로크의 주장은, 루소가 '혼합헌법' 이론을 현대 민주주의 이론으로 개조하는 데 토대를 제공했다.

루소는 그 뿌리가 고대 그리스에 있는 '혼합정치체제' 이론을 철저하게 극복했다. 민주주의 이론의 발전사에서 루소가 한 가장 큰 기여는 '주권'과 '정부형태'를 구분한 것이다. 주권은 공동체의 최고 권력이므로 전체 인민의 '일반의지'로 정해져야 한다는 것이 루소의 생각이었다. 그는 이를 입법의 토대로 간주했다. 그러나 행정권력은 각국의 상이한 상황에 따라 정해질 수 있다고 보았다. 이는 '정부형태'의 문제이기 때문이다.

『사회계약론』에서 루소는 우선 인민주권에 대해 논증한 뒤에 정부의 분류를 논의했다. 여기서 '혼합정치체제'라는 개념을 여전히 사용하기는 했지만, 그가 사용한 것은 새로운 의미를 부여한 개념이었다.

---

12 洛克, 『政府論』下, 商務印書館, 1986, 132쪽. 〔존 로크 지음, 강정인·문지영 옮김, 『통치론』, 까치글방, 1996.〕

우선 주권자는 정부를 전체 인민 또는 절대다수의 사람들에게 맡김으로써, 행정관을 담당하는 시민이 평범한 일반 시민보다도 많아지게 할 수 있다. 이런 정부형태를 우리는 '민주제'라고 부른다. 다음으로, 정부를 일부 사람의 손에 맡김으로써, 일반 시민의 수가 행정관의 수보다 많아지게 할 수도 있다. 이런 형태를 '귀족제'라고 부른다. 끝으로 정부 전체를 한 명의 유일한 행정관의 손에 맡겨서, 나머지 모든 사람이 그에게서 권력을 얻게 할 수도 있다. 〔……〕 이를 '군주제'라고 부른다.[13]

여기서 말하는 '귀족제'와 '군주제'와 '민주제'는 '정부형태'의 문제이기 때문에, 전체 인민의 '일반의지'로 구성되는 '주권'을 흔들지는 못한다. 즉 고대 그리스의 '혼합정치체제' 이론 속의 세 가지 요소와는 근본적으로 다른 것으로, 실질적으로는 오늘날의 '의회제'와 '대통령제'와 '직접민주제'에 해당하는 것으로 보아야 한다.

영국혁명과 미국혁명 및 프랑스혁명이 진행되는 도중과 끝난 후에, 수많은 정치이론가들이 '인민주권'을 토대로 하여 '혼합헌법' 이론을 개조하고,[14] '세 층위 분석'에 새로운 생명을 불어넣었다. 그 예를 들면 다음과 같다.

---

13 盧梭, 앞의 책, 86쪽.
14 모리스 바일M.J.C. Vile은, '권력분립'의 원칙이 영국혁명 중에 '혼합헌법'과 대립되는 합의를 띠게 되었다고 주장했다. 그의 저서 『입헌주의와 권력분립』Constitutionalism and the Separation of Power(Oxford University Press, 1967)은, 서구 정치사상의 양대 전통인 '혼합헌법'과 '권력분립' 사이의 복잡한 착종관계를 연구한 고전적인 저작이다.

알렉시스 드 토크빌Alexis de Tocqueville은 현대 민주주의에서 지방정부가 중세기의 귀족과 유사하다고 여겼다.[15] 이는 지방정부가 중앙정부로의 과도한 권력 집중을 제어할 수 있다는 주장의 또 다른 측면으로, 지방정부가 민주주의에 반하면서 전제專制에도 반하는 양면성을 가지고 있음을 설명한 것이다. 더욱 흥미로운 점은, 그가 『연방주의 교서』The Federalist Papers • 제17편에서 지방권력을 '봉건제'에 비유하고, 제10편에서는 유권자가 많을수록 매수가 어려워진다는 이유로 대국이 소국에 비해 민주주의를 실행하기 쉽다고 주장한 것이다.

독일의 사상가인 막스 베버Max Weber는 1919년 2월에, 독일 바이마르공화국의 대통령을 국민의회에서 간접선출하면 안 되고, 전 국민의 직접선거로 뽑아야 한다고 주장했다. 그는 "국가원수는 두말할 필요 없이 전 국민의 의지로 직접 선출해야지, 거기에 중개자가 간섭해서는 안 된다"[16]고 강조했다. 그는 대통령제가 의회제보다 민주적 성격이 더 강하다는 이유로 대통령제를 지지했다. 대통령제에서는 기층의 대중이 소수의 지역대표를 뛰어넘어 직접 행정수장을 선출할 수 있기 때문이었다. 만약 의회제처럼 민중이 그 대표들의 간

---

15 Stephen Holmes, "Tocqueville and democracy," David Copp ed., *The Idea of Democracy*, Cambridge University Press, 1993, 49쪽.
• 알렉산더 해밀턴Alexander Hamilton, 제임스 매디슨James Madison, 존 제이John Jay 등이 1776년 미국 독립선언 이후 1787년 10월부터 약 1년 동안, 새로 제정된 헌법과 연방주의에 대한 지지를 확산시키기 위해 쓴 글 85편을 모아서 출간한 책.
16 Max Weber, *Political Writings*, Cambridge University Press, 1994, 304쪽.

접선거를 통해서만 행정장관을 뽑을 수 있다면, '중개자(의회대표)'의 보수성으로부터 자유로워질 수는 없을 것이고, 따라서 기층이 선거를 통해 표출하고자 하는 염원은 행정기구까지 전달되지 못할 것이다. 대통령제를 지지하는 베버의 이런 주장은 사실상 앞에서 서술한 마키아벨리의 주장, 즉 '군주'는 반드시 '인민'과 연대해야 한다는 주장의 현대판이라고 할 수 있다.

당대의 정치철학자 중에 뉴욕대학의 버나드 마넹Bernard Manin 교수는 '혼합헌법'의 현대적 개조에 관해 가장 깊이 있게 연구한 학자 가운데 하나이다. 많은 사람들은, 현대적 민주제도가 '군주'와 '귀족'의 천부적인 통치권을 폐지하고 '보통선거'를 바탕으로 해서 정립된 것이라고 생각한다. 그러나 '피선거인'의 자격을 재산이 있는 사람으로 한정하면, 선출되는 '인민의 대표'는 '귀족'과 유사해진다는 사실을 어렵지 않게 확인할 수 있다. 그런데 마넹은 더욱 중요한 사실을 제기했다. 재산에 제한을 두지 않는 보통선거라 하더라도 당선되는 '대표'들은 모두 '귀족성'을 띠는, 사실상 이른바 '민주적 귀족'이 된다는 것이다.[17] 왜 그런가? 마넹의 주장은 이렇다. 아리스토텔레스부터 루소에 이르기까지 서구 정치사상은 줄곧 '귀족제 및 그것을 위한 선거제도'와 '민주제 및 그것을 위한 추첨제도'를 서로 상대되는 범주로 간주해왔으며, 귀족제에서 관리를 선발하는 방식은 (경쟁

---

17 Bernard Manin, *The Principles of Representative Government*, Cambridge University Press, 1977, 4장.

적인) 선거이고 민주제에서 관리를 선발하는 방식은 추첨이라는 것이다. 추첨은 모든 시민이 관리가 될 수 있는 평등한 기회를 보장하는 반면, 경쟁적 선거제도는 모든 시민에게 평등한 기회를 제공하지 못하기 때문이다.[18]

경쟁적 선거의 본질은 '출중'한 사람을 뽑는 것이고, 당선자는 최소한 어떤 한 가지 측면에서 선거인보다 '뛰어나게' 마련이다. (재산이 더 많거나 능력이 더 탁월하거나 또는 외모가 더 잘생겼거나) 유권자는 대중보다 뛰어난 후보자의 면모에 주목할 수밖에 없다. 그러지 않으면 수많은 후보자 가운데 선택할 수 없기 때문이다. 그래서 마넹은 현대의 '대의제 정부'가 사실상 '민주제'와 '귀족제'의 양면성을 지니고 있다고 지적했다. 당선된 '대표'의 측면에서 보면, 대중보다 뛰어난 특징을 가지고 있고, 임기 전에는 소환되지 않으며, 경선 과정에서 약속한 공약에 얽매일 필요도 없기 때문에, 유권자로부터 독립적으로 존재할 여지가 너무 크다는 점에서 현대적인 '귀족'에 해당하고, 특히 그 가운데 '대통령'은 '국왕'과 유사하다는 것이다. 서구의 개념 가운데 '선거'election와 '엘리트'elite가 동일한 어원을 가지게 된 것도 바로 그런 이유에서 기인한다. 그러나 유권자의 측면에

---

18 루소는 추첨제도의 좋은 점으로, 당선 기회의 평등 이외에 다음과 같은 점을 거론했다. "모든 진정한 민주제하에서 행정관직은 결코 이득이 아닌 무거운 부담이다. 따라서 공평하게 모든 사람에게 부담을 지울 수 없는 마당에는, 오로지 법률을 통해 추첨에 당첨된 사람에게 이 부담을 지울 수밖에 없다. 추첨을 하면 모든 사람이 동등한 조건에 놓이게 되고, 누군가의 의지에 따라 선택이 좌우되지 않기 때문이다. 즉 어떤 개인의 역할에 따라 법률의 보편성이 바뀔 리는 없는 것이다. 그러나 귀족제하에서는 군주가 군주를 선택하고, 정부가 정부 자신을 보존한다. 이 경우 투표라는 방법이 가장 적합할 수밖에 없다." 盧梭, 앞의 책, 142쪽 참조.

서 보면, 선거는 민주적 성격도 가지고 있다. "비록 경쟁적 선거를 통해 선출되는 것은 엘리트지만, 엘리트가 무엇이고 어떤 이들이 엘리트에 속하는지는 일반 유권자들이 결정하게 되기 때문이다."[19] 한마디로 말해서 마넹은 "대의제 정부는 우리 시대의 혼합헌법"이라고 생각한 것이다.[20]

세 층위 분석법의 응용

이상의 분석을 통해, 아리스토텔레스부터 마키아벨리에 이르기까지의 '혼합헌법' 이론이 현대 민주주의 이론('인민주권'과 보통선거권)에 따른 개조를 통해 현대적인 생명력을 갖게 되었음을 확인했다. 이는 우리에게, (비록 일부 상황에서는 이 '이분법'이 여전히 유용하지만) 단순히 '국가/사회'라는 이분법을 따르지 말고, '중앙정부'와 '지방관료 및 대자본가'와 '일반 평민'이라는 '삼분법'으로 중국과 세계를 바라봐야 함을 시사해준다.

미국 수정헌법 제14조 제정의 역사적 경험은 '삼분법'에 관한 매우 의미 있는 사례라고 할 수 있다. 이 수정헌법 제14조가 남북전쟁 종결 이후 통과됨으로써, 그동안 지속된 미국의 '이원적 연방주의',

---

19 Bernard Manin, 앞의 책, 238쪽.
20 위와 같음.

각 주 내부의 일은 주정부가 관할하고, 주 사이의 일은 연방정부가 관할하는 것이 종결되었기 때문이다.

'이원적 연방주의'가 구현된 헌법이 미국 수정헌법 제10조이다. 여기서는 중앙정부에 위임delegated되지 않은 모든 권력을 주정부가 행사한다고 규정했다. 그런데 여기 쓰인 '위임'이라는 말을 어떻게 해석할 것인가가 미묘한 문제로 남았다. '연방주의'에 반대하는 이들은 '위임'이라는 말 앞에 '명시적으로'expressly라는 말을 덧붙이자고 요구했다. 그럼으로써 명확하게 중앙정부에 위임되지 않은 권력은 모두 주정부가 행사해야 한다는 것이었다. 그러나 제임스 메디슨James Madison은 그것에 강력히 반대했다. "중앙정부의 권력 행사를 명시된 권력에 국한해서는 안 된다. 묵시된 권력power by implication까지 허용해야만 한다." 결국 수정헌법 제10조의 본문은 메디슨의 의견에 따라 '명시적으로'라는 표현을 쓰지 않고, '묵시된 권력'이라는 매우 융통성이 강한 말을 쓰도록 허용했다.

'묵시된 권력'이라는 표현은 미국 중앙정부에게 상당히 넓은 활동의 폭을 제공해주었다. 예를 들면, 헌법에는 국회에 연방은행을 설립할 권력이 있다는 명시적인 규정이 없지만, 미국의 제1대 연방대법원장인 존 마셜John Marshall은 1819년의 '매컬러 대 메릴랜드 주 사건'McCulloch v. Maryland ˙에 대한 판결을 통해 국회에 연방은행을 세울 '묵시된 권력'이 있다고 판정했다. 그러나 그럼에도 '이원적 연방주의'는 중앙정부의 권력 행사에 여전히 큰 제약으로 작용했다. 그런 제약 가운데 가장 중요한 것은 '권리장전'the Bill of Rights이 주정부에게는 적용되지 않고 연방정부에만 적용된 것이다. 바꾸어 말해서, 언론과 신체의 자유 등 기본권을 연방정부는 반드시 보호해야 하는데, 주정부는 그럴 필요가 없었다는 것이다. 이런 기형적인 상황은 노예제도 문제와 연계해서 볼 때 비로소 이해가 된다. 버지니아주에서 열린 헌법비준회의에서 메디슨은 대중을 향해, 각 주가 노예제도를 채택할 자유를 헌법이 제한하는 일은 없을 것이라고 보장한 바 있다.

그런 점에서, 남북전쟁이 끝나고 1868년에 통과된 수정헌법 제14조는 매우 큰 역사적 의미를 갖는다. 이것은 주정부도 반드시 '권리장전'을 준수해야 함을 알리는 기점이었고, '이원적 연방주의'가 막을 내리기 시작했음을 선포하는 신호이기도 했다. '권리장전'이 수정헌법 제14조의 일부로 편입됨에 따라, '이원적 연방주의'를 고집스럽게 고수하던 법관들은 부득불 헌법 제1조 제8항(이른바 '통상조항')에 주로 의지할 수밖에 없게 되었다. 그들은 '각 주 사이의'interstate 라는 구절에서 '사이'라는 말을 강조함으로써, 의회가 아동노동 사용을 금지하는 법률을 제정하는 것에 반대했다. 또한 '주와 주 사이의 통상'이라는 구절에서 '통상'이라는 말을 강조함으로써, '제조업'을 의회의 관할 아래 있지 않게 했고, 그 어떤 노동보호 입법과 단

• 미국의 연방법률에 따라 각 주에 세워진 연방은행U.S. Bank 가운데, 메릴랜드주에 세워진 지점의 책임자인 매컬러가 주정부의 법률을 위반하고 은행채권을 발행함으로써 발생한 사건. 연방대법원은, 연방의회가 은행을 설립할 권한을 가지며, 헌법에 따라 주정부가 연방의회가 설립한 기구의 운영에 요금이나 세금을 부과할 수 없다고 판결했다.

체협상 입법도 모두 위헌으로 만들었다. 1932년에 프랭클린 루스벨트Franklin Roosevelt가 대통령에 당선되어 휴고 블랙Hugo Black 같은 진보적 인사들을 연방대법원 대법관으로 임명한 이후에야 비로소 '이원적 연방주의'는 종료를 고했다. 그 표지는, 1937년에 연방대법원에서 '주 내부의' 불합리한 노동관계가 '주와 주 사이의' 통상에 영향을 미친다는 이유로, '전미노동관계법'National Labor Relations Act이 헌법에 합치된다는 판결을 내린 것이었다.

'이원적 연방주의'의 종결은 미국헌법에서 수정 제14조가 수정 제10조보다 우선적인 지위를 얻게 되었음을 의미한다. 그것은 지방정부가 '권리를 보장'하고 민주주의를 확립하는 데서 중앙정부보다 더 우월하지는 않음을 뜻하는 것이기도 하다. 당대의 저명한 정치학자인 해럴드 라스키Harold Laski는 "작은 단위의 정부는 대단위의 거대 자본주의에 맞설 힘이 없다"라고 지적한 바 있다. 라스키의 이런 견해는 위에서 서술한, 미국에서 1937년에야 비로소 '전미노동관계법'이 통과될 수 있었던 상황과 부합할 뿐 아니라, 우리가 근래 중국의 법률 집행 상황을 이해하는 데도 도움을 준다. 중국의 '노동법'은 1995년 1월 1일에 정식으로 시행되기 시작했다. 그러나 적지 않은 지방정부들이 '외자를 끌어들이기 위해' 왕왕 노동자의 합법적인 권리를 거리낌 없이 희생시켰고, 따라서 '노동법'은 줄곧 제대로 시행되지 못했다.

여기서 지적해둘 점은, 마오쩌둥이 1956년에 '10대 관계를 논함'論十大關係*을 발표한 이래로 중국에서는 줄곧 지방정부의 적극성 발휘를 중시해왔고, '개혁개방' 시기에는 더욱 그랬다는 것이다. 그렇다고 미국조차 이미 포기한 '이원적 연방주의'로 중국이 회귀해야 한다는 말은 절대 아니다. 사실 '권리장전'을 주정부까지 적용한 미국 수정헌법 제14조는 주정부와 연방정부 사이에 주권이 분할되어야 함을 규정한 것이 아니라, 지방정부와 중앙정부가 모두 시민의 기본적 권리를 보장해야 하고 반드시 민주화되어야 함을 명문화한 조항이다. 앞에서 언급한 『연방주의 교서』에 나오는, '대大공화국'일수록 민주주의를 실행하기가 더 쉽다는 주장은, 오늘날 중국의 정치체제 개혁에 대한 우리의 사고에도 시사해주는 바가 적지 않다.

현재 중국은 전에 없던 사회변혁을 경험하고 있다. 한편으로는 경제개혁이 지방정부와 기업에 활력을 불러일으키고 있지만, 다른 한편으로는 구심력이 사라지고 통제가 되지 않는 문제점이 더욱 심각하게 나타나고 있다. 중앙정부의 수많은 올바른 개혁방안은 집행되는 과정에서 대부분 변질되어버린다. 잡지 『스따이차오』時代潮 1998년 제1기에 실린 글 「'자주권'은 어떻게 '자부권'으로 변질되는가」'自主權'如何蛻變成'自富權'에서는 이를 이렇게 비판한다. "'자주적 경영권'은 기업을 생존하고 발전하게 하는 권리이다. 그러나 중국의 기업은 지금 체제전환에 따른 변혁의 시기에 처해 있어서 법규와 제도는 아직 정비되지 않았고, 관리의 측면에도 허점이 많다. 따라서

• 1956년 4월 25일에 마오쩌둥이 중국공산당 중앙정치국 확대회의에서 발표한 보고서. 소련식 모델을 답습한 중국 사회주의 건설 과정의 제반 문제점 및 당과 정부의 관료주의에 대한 비판이 기조를 이룬다.

'자주'만 강조하고 '감독'을 소홀히 하는 것은 '자주권'自主權을 '자부권'自富權(축재할 권리)으로 변하게 하는 주요 원인이 된다."

충칭重慶시 검찰기관의 통계에 따르면, 1995년 1월부터 1997년 9월까지 시 전체에서 공장장이나 사장이 기소되어 수사가 진행된 경제범죄 사건이 302건으로, 경제범죄로 기소된 사건 전체의 16.2%에 달한다. 사건 관련 총액은 6,346만여 위안으로 사건당 평균 21만 위안을 넘으며, 국가와 집체경제에 남긴 손실은 4억여 위안에 이른다. 비리를 저지른 공장장이나 사장들의 '돈 끌어모으는 수법'은 다음과 같다.

1 구매권한을 이용한 '리베이트' 수수: 일부 공장장과 사장들은 구매과정에서 자신의 구매권한을 이용하여 '리베이트'를 받아 챙겼다. 전체 사건 가운데 28건이 이런 경우였고, 착복한 리베이트는 140만 위안 이상이었다. 그들의 주요 수법은 임의로 가격을 바꾼 뒤 그 차액을 받아 챙기는 것, 허위 보고나 가짜 영수증을 통해 '공금'을 횡령하는 것, 그리고 불량품이나 저질품목을 구매해주고 리베이트를 받는 것 등이었다.

2 위탁·가공할 권한을 이용한 '사례비' 수수: 일부 공장장들은 가공작업을 하청업체에 위탁하면서 '사례비'를 받아 챙겼다.

3 전매권을 통해 상품대금 조작: 전매권은 생산과 경영에서 기업이나 공사가 가질 수 있는 가장 유리한 권한이다. 즉 생산품이 판매되어 나가고 상품대금이 들어오는 것을 임의로 통제할 수 있는 '관

문' 같은 것이다. 그들은 여기에 구멍을 만들어서 상품이나 상품대금이 흘러나가게 함으로써, 자신과 가족의 배를 불렸다. 그 주요 수법은 아래와 같다.

- 수입 은폐를 통한 탈세: 그들은 주로 두 가지 방식을 통해 탈세를 저질렀다. 하나는 판매수입을 장부에 기록하지 않거나 이중장부를 작성하는 것, 다른 하나는 '생산품'을 판매하지 않고 '영수증'을 판매하는 것이다. 일부 공장장과 사장들은 이익을 노리고 불법적으로 부가가치세 영수증을 대리 또는 가짜로 발급해줌으로써, 그 가짜 영수증으로 위조장부를 만들어 탈세를 하게했다.
- 단가를 내려주는 대신 리베이트 수수.
- '장부' 위조를 통한 '공금' 횡령.
- '직권'을 이용한 밀거래로 상품대금 절취.
- 위조품 판매로 금전 편취.

4 대출할 권한을 통한 '커미션' 수수: 여기에는 두 가지 수법이 있다. 하나는 '배임을 통한 이익 편취'吃里扒外로, 자기 기업의 자금을 임의로 남에게 빌려주고 그 과정에서 '커미션'을 받는 것이다. 다른하나는 '대출 알선을 통한 이익 편취'吃帮貸로, 공장장이나 사장이 자신의 직권을 이용하여 자기 기업의 명의로 다른 사람이 은행에서 대출을 받도록 도와주거나 보증을 서주거나 또는 다른 사람의 위탁을받아 대출을 하고 그 과정에서 '커미션'을 받는 것이다.

5 직무상의 권한을 이용한 자금 착복: 일부 공장장과 사장들은 자

신의 '권력'을 이용하여 기업의 '상여금'을 자기 주머니로 빼돌렸다.

6 하청을 줄 권한을 통한 '사례비' 수수: 건축공사를 책임진 일부 공장장과 사장들은 '하청을 줄 수 있는 권한'을 이용하여, 건축공정을 놓고 거래를 했다. 즉 발주된 사업을 먼저 수주하고, 이후 하청을 받으려는 업체에게 '사례비'를 받아 챙긴 것이다.[21]

이렇게 공장장과 사장들의 '자주권'이 '자부권'으로 변질되는 상황을 중앙정부가 애초에 원했던 것은 분명 아니다. 그렇다면 중앙정부는 어떻게 해야 개혁의 목표 실현을 보장할 수 있을까? '삼분법'이 우리에게 시사해주는 점은, 중앙정부가 반드시 일반 대중에게 확고히 의지해야 한다는 것이다. 즉 대중이 기층 간부를 감독할 민주적 권리를 제대로 갖게 해야 하고, 언론도 감독 기능을 충분히 발휘할 수 있게 해야 한다. 그래야 중앙정부가 의지할 곳 없이 고립되지 않고, 개혁이 '자본주의의 원시적 축적'이 아닌 '사회주의 시장경제'를 실현하도록 보장할 수 있다.

지금 시점에서 중앙정부와 인민대중이 연대하는 중요한 방법 가운데 하나는 1990년에 공포된 '행정소송법'이 집행되도록 하는 것이다. 『남방주말』南方周末 1998년 2월 20일자는, 쓰촨四川성 펑시蓬溪현 허볜河邊진의 농민 2,164가구가 쓰촨성 고등법원에 행정소송을 제기

---

21 즈위에知曰·투언涂恩, 「'자주권'은 어떻게 '자부권'으로 변질되는가」自主權 如何蛻變成 '自富權', 『스따이차오』時代潮, 1998년 제1기.

하여 현縣과 진鎭 정부를 고소한 사건을 보도한 바 있다. 이는 중국에서 '행정소송법'이 공포된 이래 최대 규모의 행정소송 사건이었다. 비록 현과 진의 간부들이 조사를 방해하는 바람에 아직까지도 결론이 나지는 않았지만, 이 사건에 대한 『남방주말』의 보도는 사회 여론의 관심을 불러일으키는 데 도움이 되었고, '행정소송법'에 대한 집행과 감독을 강화하는 결과로 이어졌다.

물론 중앙정부와 일반 민중이 연대하는 가장 철저한 방식은, 중앙정부를 '인민주권'의 토대 위에 세움으로써, 지방정부보다 훨씬 광범위한 민의民意의 기반을 갖게 하는 것이다. 그런 점에서 전국인민대표대회全國人民代表大会의 대표를 직접 및 보통 선거로 선출하는 것은 중국 정치체제 개혁의 주요 목표 가운데 하나가 될 수밖에 없다. 주목할 점은, 텔레비전 등 대중매체의 보급이 확대됨에 따라 정보의 전달 속도가 크게 빨라졌고, 유권자가 구체적인 문제를 깊이 있게 이해하는 능력도 자연스럽게 강화되었기 때문에, 더 이상 후보자의 소속 정당만을 가지고 정책적 성향을 막연하게 추측할 필요가 없어졌다는 것이다. 예를 들면 근래 미국에서는 한 명의 유권자가 동시에 민주당 소속 대통령과 공화당 소속 주지사에게 투표하거나, 또는 민주당 소속 상원의원과 공화당 소속 하원의원에게 투표하는 것이 전혀 어색하지 않은 일이 되었다. 유권자가 구체적인 문제를 이해하기 위한 정보를 얻는 데 드는 비용이 낮아지면서 후보자의 소속 정당이 더 이상 그렇게 중요하지 않게 되었기 때문이다. 또한 미국에서 다당제의 역할이 점점 줄어드는 추세가 되었다. 중국에서도 이와 비슷한 상황이 나타나고 있다. 1987년 11월 24일 제6기 전국인민대표대회 상무위원회에서 통과된 시행법 '중화인민공화국촌민위원회조직법'中華人民共和國村民委員會組織法에 의거하여, 촌민위원회 주임은 전국 각지에서 모두 직접선거로 선출하게 되어 있다. 통계에 따르면, (랴오닝遼寧의 톄링鐵嶺 지구 등) 적지 않은 지역에서 여러 후보자를 놓고 실제로 경쟁적 선거를 시행했다. 그러나 결과는 70% 안팎의 당선자가 여전히 중국공산당 당원이었다. 그런데 흥미로운 점은, 당선자 가운데 상당수가 공산당 당원이라는 이유 때문이 아니라, 촌민들에게 '유능한 사람'으로 인정을 받았기 때문에 표를 얻었다는 것이다. 즉 대중매체가 발달해 있는 상황에서 경쟁적 선거를 시행한다면, 소속 정당은 (미국이든 중국이든 간에) 후보자의 승패에 그다지 중요한 영향을 미치지 못한다는 뜻이다.

현재 중국에는 각 현마다 자기 방송국이 있고, 농민 가정의 텔레비전 보급률도 매우 높다. 산둥山東성 자오위안招遠시 링룽玲瓏진 루거魯格촌에서는 선구적으로 마을의 텔레비전 화면을 통해, 녹화한 선거유세를 방송한 바 있다. 이는 중국의 정치개혁에서 '비非정당식 경쟁적 선거제도'를 수용할 여건이 무르익었음을 보여주는 것이다. 개혁의 다음 단계는 현장縣長과 시장市長을 경쟁적인 직접선거로 선출하는 것이 되어야 한다. 이는 촌민위원회 범위로 시행해온 선거를 확장하는 것이고, '비정당식 경쟁적 선거제도'를 더욱 큰 규모로 실시하기 위한 실험적 토대를 쌓는 작업이 된다.

'삼분법'의 시각으로 보면, 중앙정부와 일반 민중의 '상하연대'로

'중간층'의 이반離反 경향을 제어하는 것은, '상·중·하' 삼자의 긍정적인 상호작용을 가능하게 하는 중요한 관건이 된다.[22] 그런데 이것이 오늘날 중국에서 지극히 중요한 관건인 것은 사실이지만, '상층'으로의 과도한 권력 집중에 대한 '중간층'의 제어 역시 또 하나의 중요한 관건이다. 중국에서는 1994년의 세제稅制개혁으로 중앙과 지방의 권한이 명확하게 구분되었고, 20년에 걸친 경제개혁으로 '현대적 기업제도'가 만들어지기 시작했다. 또한 1998년의 제9기 전국인민대표대회에서는 국무원國務院의 각 기구를 대담하게 정비했다. 이 모든 것은 중앙집권적 계획경제 시대에 중앙정부로 과도하게 권력이 집중되던 것을 제어하고, 중앙정부의 거시경제 조정을 질적으로 제고시키기 위한 초석이 되었다.

결론적으로 정리하자면, '혼합헌법'에서 출발하여 그것을 현대적으로 개조한 '삼분법'은, 중앙정부와 지방정부와 일반 평민 삼자의 관계에 세심하게 주의를 기울이고, 이 삼자의 긍정적인 상호작용을 만들어내는 데 힘을 쏟으라고 우리에게 요구하고 있다. 이 글은 '삼분법'의 연원을 소개하고 그것의 적용 가능성을 모색하기 위한 서설에 불과하다. 필자는 중국 경제와 정치 체제 개혁에 관심이 있는 독자들의 더욱 발전된 토론을 기대한다.

* 『전략과 관리』戰略與管理 1998년 제3기에 수록.

---

22 여기서 '상·중·하'는 '혼합헌법'과 대비하여 설명하기 위한 명명임을 기억할 필요가 있다. '인민주권'론에 따른 개조를 거친 후 '혼합헌법' 속의 '하'는 사실상 최고 권력의 근원이 되었다.

'아시아적 가치' 대 '서구적 가치'라는 사유방식을 넘어서: 인권문제를 보는 시각

공/사 구분과 '개인의 권리'의 상대성

내가 오늘 말하고자 하는 주요 논점인 '공/사 구분과 개인의 권리의 상대성'을 설명하기 위해 우선 예를 하나 들고자 한다. 시민의 '사생활권(프라이버시권)'을 존중하고 보호하는 일의 필요성과 중요성에 대해 인정하지 않는 사람은 아마 없을 것이다. 그러나 많은 나라에서 정부관료 개인 및 그 가족의 재산을 공개하도록 법률로 정해놓고 있다. 현재 금융위기로 인해 공적자금을 투입하여 시장을 구제하는 일이 다반사인 상황에서, 미국의 수많은 민중들은 기업의 고위 관리자층이 지나치게 높은 수입을 올리는 것에 불만이다. 따라서 조만간 그들의 개인재산을 공개하라고 요구할 가능성도 배제할 수 없다. 이런 예들은 '사생활권'도 결국 상대적인 것이며, 공과 사 사이에 고정불변의 경계가 존재하는 것은 아니라는 점을 설명해준다. 사실 고대 중국의 전통과 당대 중국의 정치문화는 모두 개인의 권리가 상대적인 것이며, 권리에는 반드시 책임이 따른다는 것을 강조했다. 독일헌법(‘독일연방공화국 기본법’) 제14조는 개인의 재산권을 규정하면서 재산권에 사회적 책임이 수반된다는 사실을 명확하게 설명했는데, 이는 미국헌법에서는 찾아볼 수 없다.

개인의 권리의 상대성을 인정한다는 것은, 공과 사의 경계 자체가 절대적이 아니라 상대적임을 인정한다는 것을 의미한다. 우리가 어디까지를 ‘개인의 권리’로 간주할 것인지 규정하려면, 어디까지를 ‘사적 개인’의 영역으로 볼 것인지를 먼저 규정해야 하기 때문이다. 내가 개인의 권리의 상대성을 강조하는 것은, 존재론적 의미에서 볼 때 절대적인 공과 사의 경계란 존재하지 않는다는 것을 정치철학적으로 설명하기 위해서이다. 서구 자유주의 전통의 중요한 흐름을 구성하는 영국의 사상가 존 스튜어트 밀은 일찍이 공과 사의 경계를 구분하는 유명한 기준을 제시한 바 있다. 어떤 행위가 ‘단지 행위자 본인에게만 영향을 미친다면’ 그것은 정부와 타인이 간섭할 수 없는 사적 개인의 영역에 속한다는 것이다. 그런데 이 ‘영향’을 구체적으로 어떻게 이해할 것인지를 따지게 되면 문제가 복잡해진다. 무슬림 여학생이 학교에서 베일을 쓰는 것은 다른 학생들에게 ‘영향’을 미치는가? 이에 대해 절대적이고 보편적으로 인정되는 해답은 분명 없을 것이다. 그런데 여기서 더 근본적인 문제가 대두된다. 공과 사를 왜 구분해야 하는가? 어떤 구체적인 구분 방법이 있다면 그것의 목적은 무엇이고, 그것이 따르는 가치는 무엇인가? 예를 들면 1976년에 독일 의회는 종업원 2,000명 이상인 기업의 경우 감사회 Aufsichtsrat의 구성을 반드시 같은 수의 노사 대표로 하게 하는 '공동결정법' Mitbestimmungsgesetz을 통과시켰다. 이는 기업 주주의 전통적인 사유재산권의 경계를 무너뜨린 것인가?

존재론적 의미에서 볼 때 절대적인 공과 사의 경계란 존재하지 않는다는 것을 정치철학적으로 설명하는 것은, 널리 알려진 잘못된 견해 하나를 바로잡는 데 도움이 된다. 이른바 (사회의 질서와 조화가 개인의 권리와 이익에 우선한다는) '아시아적 가치'와 (보편적 인권이 우선한다는) '서구적 가치'를 대립시키는 생각이 그것이다. 사실 중국과 서구 모두 보편적 인권에 대한 존중을 강조한다. 다만 인권에 대한 이해와 실현 방법이 다를 뿐이다. 또한 중국과 서구 내부에도 인권에 대한 각기 다른 이해가 존재한다. 예를 들어 독일헌법 제2조에는, 모든 사람이 타인의 권리와 헌법 및 도덕질서를 침해하지만 않는다면, 자신의 개성을 자유롭게 발전시킬 권리를 갖는다고 규정하고 있다. 그런데 "타인의 권리와 헌법 및 도덕질서를 침해하지 않는다"는 것을 어떻게 이해해야 하는가? 이 문제에 대해서는 독일 내부에도 상이한 관점이 존재한다. 독일에서 1957년에 있었던 유명한 '엘페스 여권 사건' 6BVerfGE 32*은 이를 잘 설명해준다. 빌헬름

---

* 'BVerfGE'는 'Entscheidungen des Bundesverfassungsgerichts'의 약자로, '연방헌법재판소 판례'를 의미한다.

엘페스Wilhelm Elfes는 1947년에 독일기독교민주당CDU 소속으로 노스트라인-베스트팔렌North-Rhine Westphalia 주의원에 당선된 인물이다. 그러나 이후 당시 서독 정부의 국방정책과 통일정책에 반대하다가 여권을 말소당했다. 그는 정부의 조치가, 독일헌법 제2조에 규정한 "개성을 자유롭게 발전시키기 위해" 필요한 이동의 권리를 박탈하는 것으로 여겼다. 그러나 연방헌법재판소는 1952년에 통과된 '여권법'에 있는 "국가 내외의 안전을 위협하는 여권 신청인에 대해서는 여권의 발급을 거절해야 한다"라는 규정이 헌법에 합치된다고 판결했다.[1]

2008년은 UN '세계인권선언' 발표 60주년이 되는 해이다. 당시 UN이 서구에서 전통적으로 사용해온 '자연권'이라는 개념을 사용하지 않고 '인권'이라는 개념을 사용한 것은 상당히 의미심장한 일이다. 이는 공과 사의 경계와 개인의 권리가 상대적이고 유동적인 것임을 인정했다는 의미이다. 개인의 권리 및 공과 사의 경계가 상대적인 것임을 인식하게 되면, '아시아적 가치'와 '서구적 가치'의 대립을 절대화하는 사유방식을 벗어날 수 있고, 따라서 시민의 합법적인 기본 권리를 더욱 실질적으로 보호하고 실현할 수 있게 된다.

아래에서는 '아시아적 가치' 대 '서구적 가치'라는 절대화된 사유방식을 탈피한다면 중국과 독일 및 전체 서구사회가 사형, 언론과

---

1 Donald Kommers, *The Constitutional Jurisprudence of the Federal Republic of Germany*, Duke University Press, 1997, 315쪽.

출판, 노동조합 조직이라는 3대 문제와 관련해서 더욱 효과적으로 인권에 대한 대화를 나눌 수 있으리라는 점을 간략히 설명하고자 한다.

중국 사형제도와 인권문제

개인의 권리 및 공과 사의 경계가 상대적인 것임을 인식하게 되면, 사형제도가 존재한다는 사실 자체가 중국이 인권을 존중하지 않는다는 증거가 되지는 못함을 설명할 수 있다. 이것이 그 상대성에 대한 인식의 의의 가운데 하나이다. 중국과 미국은 유럽과 달리 사형제도를 폐지하지 않았다. 이유가 무엇인가? 주요한 이유는 중국과 미국의 다수 민중이 사형을 폐지하자고 요구하지 않았기 때문이다. 여기서 우리는 '민주적 가치'와 '개인의 권리' 사이에 존재하는 긴장관계, 즉 민주주의에 대한 의지와 소수 범죄자의 생존권 사이에 빚어지는 충돌을 명확히 목도하게 된다.

'사형제도를 존치하지만, 사형 집행은 엄격히 제한하는 것'이 중국이 일관되게 유지해온 형사정책이다. 제10기 전국인민대표대회 상무위원회 제24차 회의에서 통과된 「중화인민공화국 인민법원 조직법」의 수정에 관한 결정'關于修改「中華人民共和國人民法院組織法」的決定에 따르면, 2007년 1월 1일부터 사형은 최고인민법원이 판결한 것을 제외하면, 각 지역의 고급인민법원이나 해방군군사법원이 판결하고 재정裁定한 것은 모두 최고인민법원에 보고하여 심의비준核准*을 거치도록 정해졌다. 또한 사형이 판결된 사건을 재심復核**할 때는 3명의 법관으로 구성된 합의부에서 심리를 하여, 사건을 전면적으로 다시 검토하도록 되어 있다. 사법기관의 피고인 심문은 원칙적으로 피고인을 직접 대면한 상태에서 하도록 되어 있으나, 피고인은 서면 형식을 통해서도 합의부에 자신에 대한 변론 의견을 제출할 수 있다. 사형심의비준권死刑核准權을 최고인민법원이 단독으로 행사하도록 하는 새 법률의 제정은 중국에서 범죄자의 인권을 보호하는 측면으로의 큰 발전이다.***

중국 언론·출판의 자유에 관한 정확한 실상

중국은 언론과 출판의 자유를 보장하는 쪽으로 끊임없이 진보를 이루어왔다. '중화인민공화국 정부정보공개조례'中華人民共和國政府信息公開條例가 일찍이 2008년 5월 1일부터 시행되어, 대중의 알 권리를 법률적으로 보장하고 있다. 2008년 10월 17일에 공포된 '중국 주재

---

* 고급인민법원이 사형을 판결한 사건에 대해 상급의 최고인민법원에서 심리하는 절차. 상고심에 해당한다.
** 사형으로 판결된 사건에 대해 고급인민법원이 다시 한 번 심리하는 절차. 항소심에 해당한다.
*** 이전까지는 고급인민법원에서도 부분적으로 사형심의비준을 행사했다. 그러다가 2002년 중국공산당 제16차 전국대표회의에서 사법체제 개혁이 주요 의제 가운데 하나로 제기된 후, 사형심의비준권을 최고인민법원이 단독으로 행사하도록 법률을 개정하기 위한 논의가 시작되었다.

외국언론기관 및 외국기자 취재 조례'中國外國常駐新聞機構和外國記者采訪條例는 중국에서 취재활동을 하는 외국 매체에게 제공하는 편의를 더욱 확대했다. 이 새로운 조례는 베이징올림픽 및 그 준비 기간에 중국에서 활동한 외국기자에게 적용한 취재 규정의 주요 원칙과 정신을, 올림픽 이후 장기적인 효력을 갖는 법규로 정해놓은 것이다. 그런 점에서 이는 올림픽이 중국에 남겨준, 가장 오래 지속되는 유산 가운데 하나라고 할 수 있다.

여기서 나는, 언론의 자유와 관련해서 내가 개인적으로 관여했던 하나의 사례를 통해, 언론과 출판의 자유가 개혁 과정에서 중국기업의 부패 행위를 방지하는 데 어떤 작용을 하는지 설명하고자 한다. 그 사례는 충칭시 윈양雲陽현 윈양크랭크축공장雲陽曲軸廠의 공장장인 류부윈劉步雲이 화샤출판사華夏出版社를 고소한 사건이다.

충칭시 윈양현 윈양크랭크축공장은 본래 자산 규모가 2억 위안을 넘는 유명기업이지만, 근래 들어 심각한 적자에 시달렸다. 중국 사회과학원中國社會科學院의 정이성鄭易生 교수가 엮어서 펴낸『과학적 발전관과 하천 개발』科學發展觀與江河開發이라는 책에서는 윈양크랭크축공장이 겪는 심각한 적자의 원인을 다음과 같이 지적했다. 공장장 류부윈이 별도의 회사를 차려서 윈양크랭크축공장과 경쟁을 했고, 윈양크랭크축공장의 자산을 자신이 차린 회사에 임의로 넘겨주거나 적절하게 평가하지 않는 등의 불법행위를 저질렀다는 것이다. 이에 류부윈은 책 속에 나오는 "삽시간에 파산했다"는 말이 사실과 다르다는 이유로, 이 책을 출판한 화샤출판사를 충칭시 윈양현 법원에 제소했다. 그리고 법원은 화샤출판사가 류부원의 명예를 훼손했다고 판결했다. 현재는 화샤출판사가 윈양현 법원의 판결을 뒤집기 위해 상급법원에 항소한 상태이다.

윈양현 법원의 판결문이 합리적인지 아닌지 분석하기 위해, 나는 1964년에 『뉴욕타임스』가 연방대법원에 상고한 사건, 즉 설리반 Sullivan 사건*에 관해 앨라배마Alabama주 법원이 내린 판결에 불복하여 상고한 사건에 대한 연방대법원의 최종 판결문과 대조해보았다. 이 판결문은 흔히 미국 명예훼손 판결의 역사에서 이정표로 간주되는 것이다. 설리반은 당시 앨라배마주 몽고메리Montgomery시에서 경찰서를 관할하던 민선 서장이었다. 그는 『뉴욕타임스』가 1960년 3월 29일에 게재한 전면광고를 통해 자신을 비방했다고, 명예훼손 민사소송을 제기했다. 앨라배마주 지방법원은, 마틴 루터 킹Martin Luther King Jr.이 광고에 나온 대로 7번 체포된 것이 아니라 실제로는 4번만 체포되었다는 이유로, 설리반에 대한 『뉴욕타임스』의 명예훼손이 성립된다고 판결했다. 그러나 '부분적으로 사실과 다른' 보도를 했다는 것이, 『뉴욕타임스』가 설리반의 명예를 훼손했다고 앨라배마주 법원이 판결을 내리는 정당한 이유가 될 수 있는가? 미국 연방대법원은 이에 동의하지 않는다는 판결을 내렸다. 앨라배마주 법원의 판결을

• 미국 앨라배마주 몽고메리시 경찰서장 설리번이 마틴 루터 킹 목사에게 폭력적인 위협을 가했다는 내용의 전면광고가 『뉴욕타임스』에 실리자, 광고 내용이 부분적으로 사실과 다르다며 설리반이 『뉴욕타임스』를 상대로 제기한 명예훼손 소송. 그것은 앨라배마주에서 인종차별 반대 운동을 벌이다 구속된 킹 목사를 돕는 성금을 걷기 위한 광고였다.

뒤집고, 『뉴욕타임스』가 설리반의 명예를 훼손하지 않았다고 인정한 것이다. 윌리엄 브레넌William Brennan 대법관은 연방대법원을 대표하여 작성한 판결문을 통해 "언론 보도에서 '부분적으로 사실과 다른' 내용은 '실제적 악의'actual malice에서 나온 것, 즉 사실이 아님을 명확히 알고 있으면서도 고의로 보도한 것이 아닌 이상 정부관료나 공인에 대한 명예훼손이 될 수 없다"고 강조했다. 그렇지 않으면 여론의 감시와 언론의 자유는 실현될 길이 없다는 것이다.

원양현 법원의 판결과 달리 미국 연방대법원은 『뉴욕타임스』 광고에 있는 '헌법 위반자'Violators of the Constitution•라는 표현을 문제 삼지도 않았고, 보도가 '부분적으로 사실과 다르다'는 이유로 『뉴욕타임스』가 명예를 훼손했다고 판결하지도 않았다. 미국 연방대법원이 생각한 관건은 『뉴욕타임스』에 '실제적 악의'가 없었다는 것이었다. 미국 연방대법원은, 『뉴욕타임스』가 명예를 훼손했다고 판결하게 되면 여론의 감시 기능과 언론의 자유에 심각한 타격이 될 것이고, 마틴 루터 킹이 이끄는 흑인민권운동에도 좌절을 안겨주게 되리라고 보았다. 지금 중국의 법원도 여론의 감시 및 언론의 자유를 보장하는 것과 명예에 대한 권리를 보장하는 것 사이에서 균형을 추구하면서, 작은 것 때문에 큰 것을 잃는 어리석음을 범하지 않으려고 애쓰고 있다. '부분적으로 사실과 다른 보도'라는 작은 것을 문제 삼

• 비폭력 운동을 탄압하는 경찰을 지칭한 표현. "…남부의 헌법 위반자들이 비폭력을 특징으로 하는 이 새로운 자유의 투사들을 두려워하여…"

다가 '여론의 감시'라는 큰 것을 잃게 되지 않도록 노력하고 있는 것이다.

중국 노동조합 조직 과정의 지혜

현재 세계에는 세 가지 노동조합 조직 모델이 있다. 하나는 미국식 모델이다. 이는 노동자가 사법에 의거하여 계약 자유의 원칙에 따라 자주적으로 조직하는 방식으로서, 모든 노동자에게 조합을 결성할 자유가 있다. 그러나 오늘날 미국은 노동조합 조직률이 매우 낮다. 비록 결사의 자유가 있다고는 하지만, 노동조합을 조직하는 집단행동에 상당히 높은 비용이 요구되기 때문에 그 수가 갈수록 줄어들고 있는 것이다. 다른 하나는 공법에 따라 조직되는 모델이다. 즉 국가가 기업에게 노동조합을 조직하도록 법률로써 강제하고, 기업의 고용주가 반드시 노동조합에 자금을 제공하도록 하는 방식이다. 이 모델은 주로 소련과 동유럽 등 이전 공산당 집권 국가에서 시행하던 것으로, 조직 비용이 매우 낮아진다는 장점이 있는 반면, 노동조합의 독립성이 떨어진다는 단점도 존재한다. 세 번째는 브라질식 모델이다. 이 모델은 위에 언급한 두 가지 모델의 장점을 결합시키고자 한 새로운 모델이다. 기본적인 특징은, 한편으로는 국가가 공법을 통해 노동조합을 반드시 조직하도록 강제한다는 것이고, 다른 한편으로는 하나의 기업 또는 하나의 산업분야 내 노동조합의 경쟁적인 선거를 보장한다는 것이다. 공법과 사법을 결합시키는 브라질식 모델의 방식은, 중국의 노동조합과 농민조합의 육성에 매우 큰 시사점을 준다. 정리해서 말하자면, 중국정부는 농민과 노동자와 사회가 '자주적으로 조직을 결성'하도록, 즉 노동조합과 농민협회 같은 조직을 자주적으로 결성하도록 적극 장려해야 한다. 또한 그것이 공법의 틀 안에 포괄되도록 하여, 공법의 형식으로 사회의 자주적 조직 결성을 촉진해야 한다. 동시에 중앙정부는 진정으로 독립적이고 자주적인 사회조직이 대표성과 경쟁력을 갖도록 장려해야 한다. 이런 조치들은 중앙의 권위를 강화하고 공고하게 하는 데 실질적으로 유리한 것이다.

근래에 월마트Wal Mart가 노동조합을 조직하는 문제를 놓고 독일과 미국과 중국에서 보여준 상이한 행보는 우리에게 시사해주는 바가 매우 크다. 미국 월마트에는 노동조합이 존재하지 않는데, 이는 사법에만 의지해서는 노동조합의 발전을 촉진하기 어렵다는 사실을 보여준다. 독일에서는 노사 동수로 감사회를 구성하도록 규정한 '공동결정법'을 따르지 않아서, 결국 독일 시장에서 철수할 수밖에 없었다. 월마트가 노동조합의 결성에 동의한 곳은 오직 중국뿐이었다. 중국 월마트에 노동조합이 결성될 수 있었던 것은 두 가지 요인이 함께 작용한 결과였다. 한편으로 중국의 공법이 그것을 강제했기 때문이다. 그리고 다른 한편으로 애초에는 월마트가 노동조합 결성에 동의하지 않아서 중화전국총공회中華全國總工會˙ 간부가 부득불 노동자들이 모두 퇴근한 심야에 회의를 소집하여, 결과적으로 기층 대중을 독립적으로 동원할 수 있었기 때문이다. 즉 월마트 중국지점에서 노동조합이 결성된 과정은 공법과 사법이 결합하여 효과를 발휘했다고 할 수 있다.

인권은 인류의 보편적인 가치이다. 그러나 중국에서 영향력이 큰 독일 철학자 게오르그 빌헬름 프리드리히 헤겔Georg Wilhelm Friedrich Hegel이 말했듯이 "보편은 특수를 통해 구현되지만, 그 어떤 특수도 보편의 의미를 전부 담아낼 수는 없다." 즉 지금 우리는 '서구중심주의'에도 반대해야 하고, '문화상대주의'에도 반대해야 한다는 것이다. 개인의 권리 및 공과 사의 경계가 상대적인 것임을 인식한다면, 우리는 '아시아적 가치' 대 '서구적 가치'라는 절대화된 사유방식이 아닌 다른 방식으로 인권문제를 이해할 수 있다. 그러면 '중국-독일 인권대화'는 실질적인 진전을 이루게 될 것이다.

* 이 글은 필자가 제9차 '중국-독일 인권대화'에서 발표한 내용을 수정한 것이다. 이미 10년의 역사를 가진 '중국-독일 인권대화'는 중국과 독일 양국의 전략적 대화에서 중요한 구성부분이 되었다. 2008년에 열린 제9차 회의의 주제는 '인권과 조화사회和諧社會'였다.

● 중국공산당의 지시를 받는, 중국 노동자 계급 대중조직. 중국 내의 유일한 노동조합 연합회. 약칭 '전총'全總.

제3세계에서 서구중심주의와 문화상대주의의 초월

'진보의 가능성'을 보는 두 가지 관점

지금 '진보의 가능성'에 관한 제3세계의 논의를 살펴보면, 명확하게 상반되는 두 가지 관점이 존재하는 것을 알 수 있다. 그 하나는 제3세계가 '진보'를 위해 서구의 기존 제도와 사상을 일괄적으로 받아들여야만 한다는 것이다. 그리고 다른 하나는 제3세계의 특수한 문화와 제도의 전통을 본래 모습 그대로 지켜야 하며, 각 지역의 전통에 대한 외부로부터의 어떤 비판도 가능하거나 필요하지 않다는 것이다. 전자는 서구중심주의이고, 후자는 문화상대주의에 속한다.

이 글에서 나는 이 두 가지 관점이 모두 사람들에게 심각한 오해를 불러일으킬 수 있음을 지적할 것이다. 간단한 사례를 하나 드는 것만으로도 그 문제점을 확인할 수 있다. 오늘날 수많은 제3세계 국가에서 여성의 권리는 여전히 제한을 당하거나 심지어 억압을 받고 있다. 그것을 문화적 관습의 차이로 간주하여 그대로 받아들여야 하는가? 또는 그런 지역의 전통을 깨뜨리고 여성의 사회적 지위를 개선하려고 한다면, 그것이 곧 서구의 기존 제도를 전면적으로 수용하는 것을 의미하는가? 이 두 개의 질문에 대한 대답은 모두 '그렇지 않다'이다.

이 사례는 위의 두 가지 관점에 공통적으로 존재하는 문제, 즉 '특수'와 '보편'의 변증법적 관계를 제대로 파악하지 못하는 문제를 명확히 보여준다. 이유는 각각 다를 수 있지만, 어떤 의미에서 보면 양자는 모두 자신의 특수한 전통을 지나치게 숭상하고 있다. 서구중심주의자가 특수한 전통을 숭상하는 이유는, 자신의 특수한 전통과 사상이 보편적으로 유효하다고 착각하기 때문이다. 반면 문화상대주의자는 자신의 특수한 전통을 위하는 마음으로 그것을 숭상한다. 어찌 되었든 양자에게는 모두, '특수'를 통해 구현되지만 동시에 그것과는 분리되는 '보편'에 대한 인식이 결여되어 있다.

이 글에서 제기하고자 하는 주장의 요지는, 이런 모든 특수한 전통의 토대를 이루는 '보편'이 바로 '인간 본연의 자기긍정self-assertion'이라는 것이다. 이런 '인간의 자기긍정'은 여러 사회와 문화에서 각각 다른 형태, 다른 정도로 나타난다. 그러나 그 어떤 경우도 '자기긍정' 자체가 포괄할 수 있는 의미를 모두 담아내지는 못한다. '인간의 자기긍정'이라는 개념의 출발은 한스 블루멘베르크Hans Blumenberg까지 거슬러 올라갈 수 있다. 그는 이렇게 정의했다. "인간이 실존하기 위한 일종의 방법program으로서, 이것을 통해 인간은 자신의 존재를 역사적 맥락 속에 위치시키며, 자신을 둘러싼 현실에 어떻게 대처하고 자신에게 열려진 가능성을 어떻게 이용할지를 스스로에게 암시하듯 설명한다."[1] 사실 블루멘베르크의 주장은 주로 근대 초기 유럽의 상황을 대상으로 한 것이다. 그러나 우리는 세계의 다른 지역 모두에서도 그 잠재적인 맹아를 어렵지 않게 발견할 수 있다.

이 글의 첫 번째 부분에서는 우선 내가 '인간의 자기긍정'을 어떻게 이해하는지 서술하고, '특수'와 '보편'과 '무한'이라는 세 가지 철학적 개념에 대해 살펴볼 것이다. 두 번째 부분에서는 구체적인 역사적 사례를 들어서, 서구중심주의자와 문화상대주의자가 모두 '인간의 자기긍정'의 '무한'성을 잘못 이해하고 있음을 설명할 것이다. 그리고 끝으로, 제3세계에서 가능한 진보의 기회가 제도의 혁신, 즉 지금까지 서구나 제3세계에 모두 존재하지 않았던 제도를 창조하는 데 있다는 점을 지적할 것이다.

'인간의 자기긍정'과 진보

블루멘베르크의 매력적인 저작 『근대의 정당성』The Legitimacy of

---

1 Hans Blumenberg, *The Legitimacy of the Modern Age*, MIT Press, 1991, 138쪽.

the Modern Age에서 '인간의 자기긍정'이라는 개념은 '가능한 진보' Possible Progress라는 관념과 밀접하게 연관되어 있다. 블루멘베르크는 '가능한' 진보와 '불가피한' 진보를 구별했다. 진보를 '불가피한 과정'으로 보는 관념은 '인간의 자기긍정'의 본질이 결코 아니고, 오히려 사실상 '인간의 자기긍정'과 대립되는 것으로 볼 수 있다는 생각이었다. 그는 '가능한 진보'라는 관념을 '불가피한 진보'Inevitable Progress라는 관념으로 과도하게 확장시킨 책임이 근대 사상가들에게 있다고 설득력 있게 지적했다. 그들이 중세 기독교가 창세와 말세라는 도식을 통해 누리던 지위를 다시금 차지하려고 시도함으로써 생긴 문제라는 것이다.

블루멘베르크의 저서를 영문으로 옮긴 번역자는 이렇게 언급한 바 있다. "블루멘베르크는, 기독교가 창세와 말세라는 양 극단으로 세계 역사의 전체 패턴을 설명할 수 있다고 선포함으로써 (카를 뢰비트Karl Lowith가 강력하게 주장했듯이) 고대 그리스인들은 도저히 알 수 없었던 문제를 세상에 던졌다고 지적했다. 하나의 총체로서 세계 역사의 의미 또는 패턴의 문제가 바로 그것이다. 근대 사상가들은 그 문제에 대해 기독교가 남긴 '답안'을 버렸지만, 근대 사상이 그 어떤 도전에도 대응할 수 있음을 보여주어야 하기 때문에 여전히 그 문제에 대해 대답할 의무가 있다고 생각했다."[2]

블루멘베르크가 '가능한 진보'와 '불가피한 진보'를 구분한 데는

2 Hans Blumenberg, 앞의 책, 역자 서문 20~21쪽.

깊은 의미가 내재해 있다. 이는 '인간의 자기긍정'의 잠재적 역량에 따라 미래의 진보를 새롭게 기획하려는 것이지, '인간의 자기긍정'을 억지로 어떤 역사적 패턴에 끼워 맞추려는 것이 아니었다. 그런데 그의 논의 전체에서 '인간의 자기긍정'이라는 개념이 이처럼 중요한 위상을 차지하는데, 왜 명확한 정의를 내리지 않은 것일까? 내가 보기에 이는 '인간의 자기긍정'이 '무한'성을 갖기 때문이다. 해리 울프슨Harry Wolfson은 '무한'이라는 개념에 대해 일찍이 다음과 같이 흥미로운 설명을 한 바 있다.

무한성에 관한 중세의 토론에서 '무한'이라는 개념은 중층적 의미를 갖는 것으로 간주되었다. 즉 그것은 우연적인 어떤 양量의 단위이거나 수치數値일 수도 있고, 일종의 본질일 수도 있다. 말하자면 영혼이나 지능과 마찬가지로, 그 자체로 존재하지만 형체가 없는 실체인 것이다. 우연적인 양의 단위로서 무한은 거리나 길이에 제한이 없는 것, 끝없이 길거나 넓은 것을 의미한다. 또한 제한 없이 더하거나 나눌 수 있는 사물을 의미하기도 한다. '유한'은 무한과 상반되는 뜻으로, 거리나 수량에 한도가 있는 것을 의미한다. 바꾸어 말하자면, 유한은 비슷한 종류의 다른 것과 비교가 가능하고, 다른 것에 의해 초과될 수도 있는 것이다.

그러나 어떤 실체가 무한성을 본질로 가졌다고 하면, 그때의 무한은 함의가 완전히 달라진다. 그것은 이 실체의 본질이 유일무이하고, 비교가 불가능하며, 그 어떤 형식의 제한도 받지 않는다는 것을 의미한다. 따라서 그 어떤 형식으로든 실증적으로 묘사할 방법이 없게 된다. 어떤 묘사라도 결국 일종의 제한이 되기 때문이고, 스피노자Baruch Spinoza가 말했듯이 "모든 한정은 부정"Omnis determinatio est negatio이기 때문이다. 그런 점에서 보면, 어떤 실체를 무한이라고 지칭하는 것은 '소리'를 '무색'無色이라고 하는 것과 마찬가지이다. 소리를 무색이라고 묘사한다고 해서, 우리가 소리에 대해 기대하거나 있을 수 있는 특징을 부정하는 것은 결코 아니다. 오히려 그것은 소리를 색채라는 보편성으로부터 철저하게 배제시키는 것(색채의 묘사로 제한하지 않는 것)이며 [……][3]

'인간의 자기긍정'은 이 가운데 '무한'의 두 번째 의미에 해당하며, 대상을 제한하는 어떤 한정적인 묘사로도 설명할 수 없다는 것이다. 무한에 대한 이런 관점은 거꾸로 '보편'에 대한 관점과 밀접하게 연관된다. 로베르토 망가베이라 웅거는 '보편'이라는 개념에 대해 이렇게 분명하게 설명했다.

인간이 그 신체와 분리될 수 없듯이, '보편'은 항상 '특수'의 형태로만 존재한다. 형식의 '보편'성이란 존재할 수 없고, 어떤 상황에서도 '보편'은 '특수'라는 형태로부터 추상되어 나올 수 없다. '보편'은 이

3 Harry Austryn Wolfson, *The Philosophy of Spinoza*, Harvard University Press, 1934, 133~134쪽.

처럼 항상 구체적인 방식으로만 존재한다. 그런데 그 어떤 '특수'도 '보편'의 의미나 가능한 존재 형태를 혼자서 모두 구현하지는 못한 다. [……] 그런 의미에서 보면, 비록 대표하는 현실은 각각 다를 수 있지만, '보편'과 '특수'는 모두 마찬가지로 실재하는 것이다. '보편' 은 추상될 수도 없고, 그 자체가 형식이 될 수도 없으며, 어떤 하나 의 구체적이고 실제적인 '특수'와 동일시될 수도 없다. 대신에 그것 은 일종의 본질이다. 다만 그 '보편'성은 일련의 열려진, 구체적이고 실재적인 '한정' 속에 존재하고, 이런 '한정'을 통해서만 표현될 수 있다.[4]

'보편'과 '특수'의 변증법적 관계에 대한 웅거의 서술, 즉 '보편'은 '특수' 속에 존재하지만 그 어떤 '특수'도 '보편'의 의미를 모두 구현 할 수는 없다는 서술은 분명 아리스토텔레스와 헤겔의 전통으로부 터 영향을 받은 것이다. 예컨대, 아리스토텔레스는 '형상'이 '질료'를 통해 무한한 종류로 구현될 수 있는 반면, '질료'는 모든 '형상'으로 구현될 수 있는 것이 아니라고 믿었다. 바꾸어 말하면, 형상은 질료 를 떠나서는 존재할 수 없지만, '질료'를 통해서 상이한 형태로 구현 될 수도 있다는 것이다. 여기서 내가 강조하고자 하는 것은, '보편'과 '특수'의 관계가 다른 문화에서도 대단히 중요하다는 점이다. 중국의 도교는 '하나' 一(보편)와 '여럿' 多(특수) 사이의 관계를 연구해왔다. '도

---

4 Roberto Mangabeira Unger, *Knowledge and Politics*, The Free Press, 1974, 143쪽.

는 본래 '일원'적인 것이기 때문에 어떤 사물보다 다른 사물에서 더 많거나 더 적게 표현될 수 없다. 따라서 이로부터 모든 사물의 평등 성이 보장되는 것이다. 그러나 '도'는 개별적인 사물을 통해 구현되 기 때문에 각 사물 사이의 개별적인 차이를 이야기할 수도 있다. 그 렇다면 어떻게 해야 '여럿'들 가운데 구현되면서도 여전히 동일성이 보장될 수 있는가? 중국의 도교와 불교에 오랫동안 큰 영향을 미쳐 온 것이 바로 이 역설이다.[5] 중국의 도교에서도 서양의 '보편'과 '특 수'의 관계와 유사한 '하나'와 '여럿' 사이의 관계를 탐구해왔다는 사 실은, '보편'과 '특수'의 관계가 수많은 문화에서 학술적으로 추구해 온 핵심적인 문제임을 알려준다.

'인간의 자기긍정'과 그것의 '무한'성 및 '보편'성은 상이한 여러 '특수'한 전통을 통해 구현되기 때문에, 우리가 다음과 같은 문제들 을 논의하는 것이 의미를 갖게 된다. 첫째, 전통 사이의 상호학습. 둘째, 기존 전통의 자기 변신. 셋째, 기존 전통에 대한 외부로부터의 비판. 그 어떤 특수한 전통도 '보편'의 유일한 표현이라고 여길 필요 는 없다. 이것이 문화적 혼종교배와 자기갱신과 제도적 혁신의 철학 적 토대이다.

---

5 Donald J. Munro, *The Concept of Man in Early China*, Stanford University Press, 1969.

서구중심주의와 문화상대주의의 문제점

서구중심주의의 병폐는 무엇인가? 제3세계의 문화 속에 존재하는 다양성과 역량에 매우 둔감하다는 것이다. 중국의 유교에 대한 막스 베버의 이해가 그 좋은 사례이다. 베버는 『중국의 종교: 유교와 도교』The Religion of China : Confucianism and Taoism에서 유가를 현실에 공손하게 순응하는 신사紳士로 묘사했다.[6] 그가 보기에 유가는 끊임없이 기존 질서에 도전하는 선지자는 전혀 아니었다. 이런 묘사는 유가사상에 존재하는, 현존하는 세계와 절대적인 천명 사이의 긴장관계를 홀시한 데 따른 것이다. 사실 공자는 절대적인 천명이야말로 인간세상의 모든 일을 판단하는 최종적인 척도라고 여겼다. 이런 태도 덕분에 일부 유가들은 '선지자'가 될 수 있었고, 기존 질서를 초월하고 뒤바꾸는 세력의 대변자가 될 수 있었던 것이다.

이 사례는 기독교적 전통이 '초월'의 의미와 그 가능한 여러 형태를 모두 포괄하지는 못한다는 점을 잘 보여준다. 일찍이 슈무엘 노아 아이젠슈타트Shmuel Noah Eisenstadt는 유교를 '차안此岸의 초월'이라고 묘사한 바 있다.[7] '초월'이 '사회의 낡은 것을 타파하는 행위'를 장려하여 '인간의 자기긍정'을 촉진하는 것이라면, 유교의 '초월'에

---

6 Max Weber, *The Religion of China*, Macmillan, 1965, 227쪽.
7 S. N. Eisenstadt, *This-Worldly Transcendentalism and the Structuring of the World: Weber's Religion of China and the Format of Chinese History and Civilization*, Hebrew University of Jerusalem, 1983.

대한 베버의 잘못된 이해를 통해 우리는 '인간의 자기긍정'의 가능한 여러 형태가 ('한정'할 수 없다는 의미에서) '무한'성을 띠고 있음을 다시 한 번 확인할 수 있다.

제3세계의 문화 속에 존재하는 다양성과 역량에 대한 서구중심주의의 둔감함은 서구문화 자체의 다양성과 역량에 대한 둔감함까지 초래했다. 사실 양자는 동전의 양면과도 같은 것이기 때문에 이는 지극히 당연한 일이라고 할 수 있다. 다시 한 번 베버의 예를 들어보자. 베버가 '선지자'를 "순수하게 개인적으로 카리스마를 지닌 인물"[8]로 정의했을 때, 그는 서구적 전통 속의 '예언'이 고도의 복잡성을 갖는다는 사실을 홀시한 것이다. 필론Philo of Alexandria *에 대한 울프슨의 중요한 연구를 보면, 필론이 플라톤Platon의 '명상'론을 '예언'의 최고 지식으로 간주하면서부터 '예언'은 적어도 네 가지 기능을 갖게 되었고, 세 가지 형태로 나타나게 되었음을 알 수 있다.[9] 울프슨의 설명을 여기서 세세하게 거론하지는 않겠다. 다만 내가 지적하고 싶은 것은, '보편'이 '무한'성을 가지고 있음을 일단 인정한다면, 서구와 비서구의 전통이 모두 '특수'일 뿐이라는 것을 인식해야만 한다는 것이다. 서구중심주의가 특수에 불과한 서구의 전통으로 하여금 보편의 지위를 차지하게 하려고 모색한다면, 이는 오류를 범

---

8 Max Weber, *The Sociology of Religion*, Beacon Press, 1963, 46쪽.
• 알렉산드리아에서 활동한 유대계 철학자. 헬레니즘 유대주의를 대표하는 인물로서, 플라톤주의와 유대교 교리를 결합시킨 것으로 평가됨.
9 Harry Austryn Wolfson, *Philo*, Vol.2, Harvard University Press, 1947, 3~72쪽.

하는 것이다. 결국 '유한한 특수'와 '무한한 보편'을 직접적으로 동일시하는 것이기 때문이다.

코르넬리우스 카스토리아디스Cornelius Castoriadis의 다음과 같은 언급은 이런 오류를 생생하게 보여준다. "'고대 그리스 이전과 그리스-유럽 전통 이외의 경우, 사회는 모두 폐쇄적인 원칙 위에 세워졌다.' 즉 우리의 세계관만이 유일하게 의미 있는 세계관이고, '우리 이외의 것'은 모두 기괴하고 저열하고 비정상적이고 사악하고 신뢰하기 어렵다는 뜻이다. 한나 아렌트Hannah Arendt가 말했듯이, '공정'公正은 호메로스Homeros와 함께 이 세상에 왔다. 〔……〕 고대 그리스에서 역사학 탄생의 목적이 바로 이것이었다. 주목할 만한 사실은, 엄격히 말해서 역사학은 단지 인류 역사의 두 단계, 즉 고대 그리스와 근대 유럽에만 존재했다는 것이다. 다시 말해서, 역사학은 기존 제도에 대한 문제 제기가 출현했던 두 개의 사회에만 존재했다. 기타 사회에서는 논쟁의 여지도 없는 전통의 통치, 또는 성직자나 국왕의 사관史官이 남긴 간단한 '사건의 기록'만이 있을 뿐이다."[10]

조지프 니덤Joseph Needham의 저서 『중국의 과학과 문명』을 자세히 읽은 독자라면 누구든 카스토리아디스와 아렌트가 어떤 오류를 범했는지 어렵지 않게 알 수 있을 것이다. 흥미로운 점은, 카스토리아디스가 프랑스 잡지 『사회주의냐 야만이냐』Socialisme ou Barbarie •

---

10 Cornelius Castoriadis, *Philosophy, Politics, Autonomy*, Oxford University Press, 1991, 82쪽, 114쪽.

의 창립멤버였다는 사실이다. 이 비공산주의적 경향의 혁명조직에서 발간하는 출판물은 1968년에 프랑스에서 일어난 노동자와 학생들의 저항운동에 지대한 영향을 미쳤다. 이런 사실을 통해서 서구중심주의가 얼마나 뿌리 깊은 것인지를 확인할 수 있다.

그러면 이제는 문화상대주의의 병폐가 무엇인지 살펴보자.

근본적으로 따져보자면, 문화상대주의는 일종의 가짜 역사주의이다. 그것은 사회생활에서 우리가 얻는 주관적 경험을 설명할 수 있는 유일한 담론은 '특수'한 담론이라고 주장한다. 그러면서 하나의 문화를 나머지 모든 문화와 구별되게 하는 각종 가설과 전제를 상세하게 나열하고 설명하는 데 열을 올린다. 그러나 웅거는 이에 대해 다음과 같이 날카롭게 지적했다. "그러나 ('특수'한 담론 이외의 것에 대한) 이런 금지는 역사적 진실이라는 원칙에 독단적인 제한을 가하는 것이다. 왜냐하면 우리가 처한 '상황'이 우리를 제약하고 억지로 수동적이게 만드는 것도 결국 역사에 따라 변할 수 있다는 사실을 인식하지 못하기 때문이다. 역사의 가변성을 이처럼 비역사적인 태도로 제한하는 것은, 우리와 '상황' 사이의 관계를 바라보는 모더니스트의, 변명의 여지 없이 잘못된 시각을 보여준다. 이런 시각은 허무주의와 포기를 결합시켜서, 우리가 할 수 있는 것은 그저 기존의 어떤 사회적 관계나 담론의 전통을 선택하여 그 규칙에 따라

● 제2차 세계대전 이후 1949년에 출범하여 1965년까지 프랑스를 중심으로 활동한, 자유사회주의적 성향의 급진적 그룹. 동일한 이름으로 기관지를 발간했다.

행동하는 것밖에 없다고 가르친다."[11]

방글라데시 농촌 여성의 교육 문제를 연구한 역작인『조용한 혁명』Quiet Revolution에서 저자인 마사 천Martha Chen은 자신이 방글라데시 농촌발전위원회BRAC, Bangladesh Rural Advancement Committee • 구성원으로서 농촌 여성의 문맹률을 낮추기 위해 했던 활동을 상세히 서술했다. 이 활동 프로그램의 토대가 되는 신념은, 문맹에서 벗어나게 하는 것이야말로 이 여성들이 더 나은 생활로 나아가게 하는 중요한 부분이라는 것이었다. 이런 신념은 물론 해당 지역 농촌의 전통과는 아무 관련이 없었다. 해당 지역에서 여성들은 항상 억압을 당했고, 심지어 시장에 가서 거래하는 것조차 금지되어 있었다.[12] 마사 천과 그녀의 동료들은 활동을 시작하자마자 장애물에 부딪쳤다. 사용하는 교재가 현지 사정과 전혀 맞지 않았고, 현지 여성들의 생활과 아무 관련이 없는 것이었기 때문이다. 그러나 마사 천 팀은 전혀 낙심하지 않았다. 문맹을 없애는 것이 이들 농촌 여성의 자아발전에 대단히 중요하다는 확고한 믿음을 가지고 있었기 때문이다. 교재를 바꾸고 현지의 협조를 얻음으로써, 그들은 마침내 성공적으로

---

11 Roberto Mangabeira Unger, *Passion: An Essay on Personality*, The Free Press, 1984, 79~80쪽.

• 방글라데시에 근거를 둔 세계 최대의 NGO. 방글라데시 독립 이후 1972년에 파즐 하산 아베드 경Sir Fazle Hasan Abed이 주도하여 설립했고, 2012년 현재 방글라데시 이외에 아프가니스탄, 파키스탄, 스리랑카, 우간다, 탄자니아, 남수단, 시에라리온, 라이베리아, 아이티, 필리핀 등을 지원하고 있다.

12 M. A. Chen, *Quiet Revolution: Women in Transition in Rural Bangladesh*, Schenkman Publishing Company, 1986.

이 여성들이 공부에 흥미를 느끼게 만들었다.[13]

이런 사례는 우리가 필연적으로 어떤 독단적이고 '특수'한 문화의 제약을 받게 되는 것은 아니라는 점을 보여준다. 우리는 원하기만 하면 무엇이든 바꿀 수 있는 능력이 있다. 어떤 문화 속에도 '인간의 자기긍정'의 요소나 맹아가 들어 있다. 문화상대주의는 인간의 이런 무한한 '자기긍정'의 잠재력을 부정한다. 그런데 아이러니컬한 점은, '무엇이든 괜찮다'는 식의 문화상대주의적 입장이 결국은 '특수'한 전통에 대한 아무런 비판 없는 숭상의 또 하나의 형태일 뿐이고, 이런 점에서 서구중심주의와 전혀 다를 바가 없다는 것이다.

지금까지의 서술을 통해 서구중심주의와 문화상대주의의 문제점이 모두 밝혀졌기를 바란다. 요약해서 말하자면, 이 두 관점은 모두 '인간의 자기긍정'의 무한성을 낮게 평가한다고 할 수 있다. 양자는 모두 인간의 창조력을 어떤 '특수'한 전통의 틀 안에 제한하려고 한다. 제3세계에서 '가능한' 진보를 실현하기 위해 우리는 반드시 이 양자를 초월해야 한다. 초월의 관건은 제도의 창조적 혁신이다. 이는 지금 서구와 제3세계 모두가 직면한 새로운 과제이다.

* 『제2차 사상해방과 제도혁신』第二次思想解放与制度创新(香港牛津大学出版社, 1997)에 수록.

---

13 마사 누스바움Martha Nussbaum은 마사 천의 사례를 아리스토텔레스나 '비非상대적 미덕' 연구의 근거로 삼았다. Martha Nussbaum, "Non-Relative Virtues: An Aristotelian Approach," Martha Nussbaum · Amartya Sen ed., *The Quality of Life*, Clarendon Paperbacks, 1993 참조.

시바이포 포스트모던

: UN인권선언과 보편적 역사의 여명

이 회의의 명칭은 '중국-유럽 문화 고위급 포럼'China-EU High-Level Cultural Forum입니다. 지금까지 이 명칭은 실상에 잘 부합하는 것 같습니다. 여러분의 발언에서 저는 매우 많은 것을 배웠습니다. 그런데 제가 지금 드리려는 말씀은 '고위급'이라는 표현에 어울리지 않을 듯합니다. '보통급'이나 '초보급'이라고 해야 맞을 것 같습니다. 제가 드릴 말씀은 대학 학부생의 독서 메모 수준에 불과한, 그저 제가 겪은 약간의 곤혹스러움에 관한 것이기 때문입니다. 예컨대, 오늘 오후 우리의 주제는 '다원적 현대성'인데, 저는 '현대성'modernity이 무엇인지에 대해서조차 여전히 많은 의문을 품고 있습니다.

어제 식사시간에 저는 움베르토 에코Umberto Eco 교수에게, 그가 50년대에 쓴 유명한 저작인 『열린 예술작품』에 관해 물었습니다. 그 책의 마지막 장은 제목이 '조이스의 중세기'˙인데, 이것이 저를 곤혹스럽게 만들었기 때문입니다. 아시다시피 제임스 조이스는 모더니즘의 가장 중요한 대표자로 알려져 있습니다. 그런데 에코 교수는, 조이스의 가장 핵심적인 관심사가 중세기였다고 강조합니다. 특히 토마스 아퀴나스Thomas Aquinas는 조이스에게 평생토록 거대한 영향을 미쳤다는 것이지요. 만약 우리가 현대성을 과거와의 단절이자 창조적 혁신으로만 이해한다면, 에코 교수의 '조이스의 중세기'라는 명제를 어떻게 이해할 수 있을까요?

저는 브뤼셀에 오기 전인 그저께, 파리 정치학교에서 프랑스의 저명한 학자인 브뤼노 라투르Bruno Latour를 만났습니다. 그는 몇 년 전에 『우리는 결코 근대인이었던 적이 없다』라는 유명한 책을 쓴 바 있습니다. 이것이 단지 개념의 유희에 불과한 것일까요? 저는 그렇게 보지 않습니다. 어떤 개념이 상이한 용법으로 사용되는 것은, 그 이면에 상이한 실질적 관심사가 존재하기 때문입니다. 마찬가지 이유로, 저는 우리의 토론 중에 빈번하게 등장하는 '포스트모던' postmodern이라는 개념 때문에 매우 곤혹스럽습니다.

영국의 저명한 역사학자인 아놀드 토인비Arnold Toynbee는 1934년에 여덟 권짜리 『역사의 연구』를 집필하기 시작했습니다. 1954년에 출판된 여덟 번째 권에서 그는 '포스트모던'을 1871년의 보불전쟁(프랑스-프로이센 전쟁)에서 비롯된 하나의 시대로 언급했습니다. 이유가 무엇일까요? 그는 서구 국가가 충분한 능력을 갖춘 부르

• 이 부분은 사실과 다르며, 추이즈위안의 착각으로 보인다.

주아계급을 수적으로도 충분히 만들어냈을 때에야 비로소 '현대(모던)'가 되었다고 여겼습니다. 그런데 보불전쟁 이후 두 차례의 세계대전을 거치면서, 서구문명은 수적인 면으로나 능력 면으로 모두 충분한 부르주아 계급을 만들어내지 못하게 되었습니다. 따라서 서구가 '포스트모던'에 접어들게 되었다는 것이지요.[1] 토인비는 '포스트모던'의 양대 표지를 첫째, 서구 프롤레타리아 계급이 역사의 무대에 등장한 것, 둘째, 비서구 지식인들이 서구 현대성의 비밀과 '이이제이'以夷制夷를 이해하게 된 것이라고 강조합니다.[2] 토인비가 비록 리훙장李鴻章을 분명하게 거명하지는 않지만, 리훙장의 '양무운동'洋務運動은 '보불전쟁'에서 자극을 받은 것으로, 독일에서 크루프Krupp 대포를 도입하여 그의 회군淮軍을 무장시킴으로써 시작된 것입니다. 또한 두말할 나위가 없는 것은, '보불전쟁'이 '파리코뮌'의 직접적 원인이 되었다는 사실이고, 이로부터 결국 중국을 '전 인류의 해방'이라는 '보편적 역사'로 끌어들이는 것을 목표로 하는 중국공산당이라는 조직이 만들어졌다는 사실입니다.

토인비의 '포스트모던'은 역사학에서 '포스트모던'에 대해 내린 최초의 정의로서 매우 흥미롭습니다. 영어권 문학에서 '포스트모던'에 대해 내린 최초의 정의[3]는, 미국의 저명한 시인인 찰스 올슨Charles Olson의 작품에서 찾아볼 수 있습니다. 올슨 역시 토인비

---

1 Arnold Toynbee, *A Study of History*, vol. 8, 338쪽. 〔아놀드 토인비 지음, 홍사중 옮김, 『역사의 연구』, 동서문화동판, 2007.〕
2 Arnold Toynbee, 위의 책, 339쪽.

의 영향을 받았을 것으로 추측됩니다.[4] 그는 '포스트모던'이라는 말을 어떻게 사용했을까요? 뜻밖에도 올슨은, 1949년에 중국공산당 중앙이 시바이포西柏坡* 에서 중요한 회의를 열고 이어서 베이징北京으로 진군했다는 소식을 처음 전해 듣고는 그것을 일러 '포스트모던'의 시작이라고 합니다. 그는 시바이포에서 회의가 열렸다는 소식을 어떻게 그리도 빨리 알고, 해방군이 창장長江을 건너 난징南京을 공격하기도 전에, 스스로 '반反황무지'Anti-Wasteland[5]라고 이름붙인 '포스트모던-중국혁명' 시인 「물총새」Kingfisher를 완성했던 것일까요? 사실 그는 항전시기에 쿤밍昆明에 있었던 영국 작가 로버트 페인Robert Payne으로부터 소식을 들은 것이었습니다.[6]** 시바이포 회의와 중국 인민해방군의 베이징 진군을 '포스트모던'의 시작을 알리는 표지로

3 페리 앤더슨Perry Anderson은 '포스트모던'이라는 말이 1930년대에 라틴아메리카의 스페인어 문학에서 가장 먼저 등장했다고 여긴다. Perry Anderson, *The Origins of Postmodernity*, Verso, 1998, 4쪽.
4 George F. Butterick, "Charles Olson and the Postmodern Advance," *The Iowa Review*, 1980, 3~27쪽.
• 시바이포는 중국 허베이河北성 스자좡石家庄에서 90킬로미터 떨어진 핑산平山현 부근의 평범한 농촌마을이다. 1948년 5월 국민당과 내전 중이던 중국공산당 지도부(중국공산당중앙 및 인민해방군 총본부)가 옌안延安에서 이곳으로 옮겨왔다. 1949년 3월 23일 화베이華北 지역에서 벌어진 세 차례 주요전투에서 승리를 거두고 베이징을 함락한 후, 지도부는 베이징으로 옮기게 된다. '신중국新中國은 이곳으로부터 왔다'는 말이 있을 정도로 중국혁명의 결정적 승리를 떠올리게 하는 곳으로서, 중국 전역의 5대 혁명성지 가운데 한 곳이다.
5 「황무지」는 모더니즘을 대표하는 T.S. 엘리엇T. S. Eliot의 시이다.
6 로버트 페인은 앙드레 말로André Malraux와 친구 사이였다. (Perry Anderson, 위의 책, 8쪽.) 앙드레 말로는 1927년에 중국혁명을 배경으로 한 소설 『인간의 운명』을 창작했고, 제2차 세계대전이 끝난 후에는 프랑스의 문화부장관을 역임했다. 말로가 1965년에 마오쩌둥과 가진 장시간의 대담에는 마오쩌둥이 문혁文革을 일으킨 동기가 잘 드러나 있다. 말로는 이를 자신의 『반反회고록』Antimémoires에 기록했다.

간주하는 올슨의 생각은 사람들을 의아히 여기게 만듭니다. 그러나 앞에서 언급한 토인비의 '포스트모던'에 대한 정의와 '포스트모던'의 양대 표지를 이해한다면, 올슨의 '시바이포 포스트모던론'도 어렵지 않게 이해할 수 있을 것입니다. 올슨은 미국 루스벨트 대통령의 뉴딜정책에 적극적으로 참여한 인물이고, 루스벨트가 네 번째로 대통령선거에 나섰을 때 외교 관련 업무의 책임자로 일했습니다. 또한 폴란드의 UN 주재 대사이자 '시장사회주의' 이론을 최초로 제기한 인물인 오스카 랑거Oskar R. Lange의 절친한 친구이기도 했습니다. 이러한 이력을 이해한다면, 시라는 형식으로 시바이포의 세계사적 의의를 표현하려 했던 그의 충심을 좀 더 잘 이해할 수 있을 것입니다.[7]

올슨의 「물총새」는 앙코르와트의 물총새 전설과 고대 그리스의 역사학자 플루타르크Plutarch의 돌의 수수께끼로 시작하고, 마오쩌둥의 "서광이 바로 앞에 있으니, 우리 모두 노력하자"는 말이 중간에 삽입되어 있습니다.

나는 돌 위의 E자를 생각하고, 마오쩌둥의 말을 생각한다.
서광이"

●● 앙드레 말로가 중국혁명을 배경으로 해서 창작한 소설의 제목은 '인간의 조건'La Condition humaine이다. 그리고 창작연도도 1927년이 아니라 1933년이다. 이 부분은 추이즈위안의 착각인 듯하다.

7 Tom Clark, *Charles Olson: The Allegory of a Poet's Life*, W. W. Norton, 1991.

그러나 물총새는

바로"

　　그러나 물총새는 서쪽으로 날아가고

우리 앞에 있다!

　　그의 가슴의 색깔은

　　저무는 해의 온기를 느끼게 한다![8]

「물총새」는 몇 행 뒤에 다음과 같이 이어집니다.

전설은 그저

전설이다. 죽어서, 방 안에 걸려 있다. 물총새는

순풍順風을 예시하지도 않고,

벼락을 막아주지도 않는다. 그렇다. 그것이 둥지를 틀었다고,

새해에 7일 동안 그랬다고, 물이 잠잠해지지는 않는다.

정말 그렇다. 그것은 새해와 더불어 둥지를 틀었지만, 물 위는 아니

다.

〔……〕

　　해안에 떠밀려온 해초 더미에서

〔조금씩 쌓아올려 사발 모양으로 만들어진〕 새끼들이 태어난다.

8　「물총새」의 중국어 번역은 자오이헝趙毅衡의 웹사이트(www.douban.com/group/topic/4505594) 참조. 이 시를 이해하는 데 도움을 준 펑샹馮象 교수에게 감사한다.

그리고, 새끼들이 조금씩 자라면서, 똥과 썩은 생선으로 가득한 이 둥지는

조금씩 부서지고, 악취를 풍긴다.

마오쩌둥은 이렇게 결론지었다.

우리는 반드시

일어나서

행동해야 한다![9]

이 시는 이어서 다음과 같이 "빛이 동방에 있다"는 것을 강조합니다.

빛은 동방에 있다. 그렇다. 우리는 반드시 일어나서, 행동해야 한다. 그러나

서방에는, 확연한 어둠이지만 [모든 것을 뒤덮은 백색],

그대가 볼 수 있다면, 견딜 수 있다면, 그럴 수 있다면, 오랫동안

내가 그를 인도하는 것이

끝까지 남은 장미가 시드는 것을 볼 때까지[10]

9   앞과 같음.
10 앞과 같음.

이 대목에서 저는, 올슨이 1949년에 제기한 '시바이포 포스트모던론'이 그저 개념의 유희가 아니라 그의 실질적인 관심사와 밀접하게 연관된 것이라는 데 여러분이 동의하셨으리라 믿습니다. 올슨에게 '포스트모던'은 '포스트서구'를 의미했습니다. 그가 또 다른 시인인 로버트 크릴리Robert Creeley와 주고받은 편지에는 '포스트모던 또는 포스트서구'라는 표현을 분명하게 사용하고 있습니다.[11] 중국 인민해방군이 베이징으로 진군하여 신중국新中國을 세운 것은 20세기에 '비서구세계'가 '다원적 현대성'을 모색한 가장 중요한 사건이었고, 따라서 올슨이 '시바이포'를 '포스트모던'의 기원이라고 한 것은 지극히 당연한 일이었던 것입니다.

여러분은 아마도 제가 '포스트모던'과 '다원적 현대'를 혼동해서 사용한다고 생각하시겠지요. 어쩌면 그럴지도 모르겠습니다. 이것이야말로 제가 여러분께 가르침을 요청하는 곤혹스러운 문제 가운데 하나입니다. 저는 '모던'과 '포스트모던' 그리고 '다원적 현대성' 사이의 논쟁이 더욱 심층의 철학적 문제와 연계되어 있다고 생각합니다. 그 철학적 문제란 '보편', '특수' 그리고 '무한'의 관계입니다. 이 철학적 문제에 대해 가장 잘 연구한 사람은 분명 헤겔일 것입니다. 헤겔은 '보편'은 '특수' 속에 자리 잡을 수밖에 없다고 했습니다. 하지만 모든 '특수'는 '보편'의 '무한하게 풍부한 가능성의 내포'를 다 포괄할 수는 없다는 것이지요. 예를 들면, '민주주의'라는 보편적

11 Perry Anderson, 앞의 책, 7쪽.

이념은 '미국의 민주주의' 또는 '중국의 민주주의'라는 특수를 통해서만 존재할 수 있습니다. 그런데 그 어떤 '특수'한 민주주의라도 '민주주의'라는 보편적 이념의 '무한하게 풍부한 가능성의 내포'를 다 포괄할 수는 없다는 것입니다. 1948년 UN세계인권선언의 작성 과정은 이러한 '보편'과 '특수'의 관계를 설득력 있게 잘 보여줍니다.

UN인권선언의 선언문은 어떻게 만들어진 것일까요? 루스벨트 대통령의 부인인 애나 엘리너 루스벨트Anna Eleanor Roosevelt가 위원장을 맡은 초안작성위원회의 유일한 부위원장은 중국인인 장펑춘張彭春이었습니다. 이 사실을 저는 메리 앤 글렌던Mary Ann Glendon의 책을 통해 알게 됐습니다.[12] 글렌던은 하버드대학 법학대학원 교수로, 2007~2009년에는 바티칸시국 주재 미국대사를 역임했습니다. 그녀는 또한 콘돔사용반대운동을 세계적으로 펼치고 있는 인물이기도 합니다. 현재는 '바티칸사회과학원' 원장을 겸임하고 있습니다. 저는 애초에 장펑춘이라는 인물에 대해 전혀 몰랐습니다. 글렌던 교수의 책을 읽고서야, 장펑춘이 제가 지금 재직 중인 칭화대학淸華大學의 초대 교무처장이었다는 사실을 알게 됐습니다.

여러분 모두 아시겠지만, 8개국 연합군이 중국을 침략했을 때 청淸정부는 '경자庚子 배상금'을 내야 했습니다. 이후 미국이 그 배상금을 반환하여, 그 가운데 일부로 칭화대학이 세워졌습니다. 당시는

---

12 Mary Ann Glendon, *A World Made New: Eleanor Roosevelt and the Universal Declaration of Human Rights*, Random House, 2001.

미국유학을 준비하는 예비학교로서, 고등학교에 해당하는 것이었습니다. 그러다가 1921년에 당시의 중국정부가 이 고등학교를 대학으로 승격시켰고, 장평춘이 초대 교무처장으로 부임했습니다. 그때 장평춘은 미국 콜롬비아대학에서 저명한 철학자인 존 듀이John Dewey로부터 교육학 박사학위를 받고 막 귀국한 터였습니다. 그의 형은 중국의 유명한 교육자이며 난카이대학南開大學의 총장이었던 장보링張伯苓입니다. 장보링은 중국에서 동생 장평춘보다 훨씬 더 많이 알려져 있습니다.[13] 저는 2년 전에 영문으로 된 글렌던 교수의 책에서 장평춘을 알고 나서 자료를 조사해보고, 그가 현대 중국의 유명한 시파詩派인 신월파新月派와 밀접한 관계가 있다는 것을 알게 되었습니다.[14] 그는 또한 중국의 경극 대가인 메이란팡梅蘭芳의 예술 및 정치 고문이었습니다. 메이란팡은 1940년에 미국을 방문했는데, 이는 당시로서는 매우 획기적인 문화적 사건이었습니다. 그런데 이 일을 준비하여 진행하고 동행한 인물이 장평춘이었습니다. 샌프란시스코에서 UN 제1차 회의가 열렸을 때, 장평춘은 중국 국민정부 대표단의 단장이었습니다. 그래서 엘리너 루스벨트가 그를 자신이 위원장인 '세계인권선언 초안작성위원회'의 유일한 부위원장으로 추천했던

---

13 중국의 저우언라이周恩來 총리는 난카이고등학교를 졸업했다. 난카이고등학교는 난카이대학의 일부이다. 장보링은 저우언라이 총리의 스승이면서 훗날의 친구이다. 2008년에 중국에서는 처음으로 올림픽이 열렸다. 장보링은 20세기 초에 중국에서 처음으로 올림픽 운동을 제안한 인물이고, 따라서 많은 글에서 그의 이름이 언급되고 있다. 하지만 그의 동생 장평춘을 언급하는 사람은 거의 없다. 이는 국민당과 공산당 사이의 정치적 관계와 별 상관이 없다. 장평춘은 1949년 이후 타이완臺灣으로 가지 않고, 미국으로 가서 1956년에 뉴저지New Jersey에서 병사했기 때문이다.

14 장평춘의 딸 이름도 '신위에'新月이다.

것입니다.

흥미로운 것은 장펑춘이 인권선언 초안이 작성되는 과정에서 한 역할입니다. 장펑춘은 초고에 들어 있던 "인간은 이성을 부여받았다"는 표현이 서구의 '여호와'와 '자연법' 관념의 영향을 지나치게 받은 것으로 보고, '인仁'이라는 표현을 추가하자고 건의합니다. '인'이라는 글자에는 '이二'가 들어 있으니, 일종의 '타인에 대한 관심'을 반영하는 것으로 볼 수 있다는 것입니다. UN '세계인권선언' 최종 선언문은 장펑춘의 의견을 부분적으로 받아들여 '이성과 양심'을 인간의 기본적인 특징으로 병기하고 있습니다. 저는 이 일화가 특수성, 보편성, 무한성의 관계를 매우 풍부하고 생동적으로 설명해준다고 생각합니다. 또 하나 상기할 점은, '세계인권선언'의 초안을 작성하는 과정에서 장펑춘 이외에 정신적인 지도자 역할을 했던 또 한 명의 인물이 존재했다는 것입니다. 그는 레바논의 철학자인 찰스 말릭Charles Malik입니다. 말릭은 알프레드 노스 화이트헤드Alfred North Whitehead와 마르틴 하이데거Martin Heidegger에게 배웠고, '화이트헤드와 하이데거의 시간관 비교 연구'라는 제목의 박사논문을 썼습니다. 또한 UN에서 이스라엘의 건국에 반대하는 아랍세계의 대표 역할을 한 바 있습니다.

어제 중국의 원자바오溫家寶 총리가 우리 회의에 와서, 유럽연합EU이 중국의 시장경제 지위를 인정해주기를 바란다고 거듭 밝혔습니다. 이것 역시 특수성, 보편성, 무한성의 관계와 관련이 있습니다. 시장경제의 '보편'적 이념은 '특수'한 각종 시장경제 실천 속에 존재합니다. 그러나 그 어떤 '특수'한 시장경제 체제도 인류의 끊임없는 실험, 그리고 '무한'한 창조적 혁신의 가능성을 다 포괄할 수는 없습니다. 중국의 '사회주의 시장경제'와 독일의 '사회 시장경제', 영미의 '자본주의 시장경제' 등은 모두 '시장경제'의 '보편'적 이념의 '특수'한 표현일 뿐입니다.

두 차례의 세계대전을 직접 겪은 프랑스의 사상가 레이몽 아롱Raymond Aron은 「보편적 역사의 여명」이라는 글을 쓴 적이 있습니다. 21세기의 초반인 지금, 우리는 "보편적 역사가 여명을 지나 정오로 향하는 것"을 경험하고 있는지도 모릅니다. 제가 오늘 말씀드린 '시바이포 포스트모던'과 UN인권선언 초안 작성 과정에 관한 일화가, '보편적 역사'가 다양성을 배척하는 것이 아니라 그 다양성을 통해 자신의 무한한 창조력을 풍부하게 한다는 사실을 일깨우는 데 도움이 되었으면 좋겠습니다. 제가 생각하는 '중국-유럽 문화 고위급 포럼'의 의의도 바로 그런 것입니다.

감사합니다!

* 2010년 10월 7일, 벨기에 브뤼셀 소재 유럽연합 본부에서 개최된 중국-유럽 문화 고위급 포럼에서의 발언.

2부

충칭은 중국의
미래가 될 수 있는가

헨리 조지, 제임스 미드, 안토니오 그람시
: 충칭개혁의 세 가지 이론적 관점

'충칭실험' 배후의 의도는 무엇인가

선전深圳이 중국의 1980년대를 대표하는 상징이고 상하이가 1990년대의 상징이라면, 충칭은 21세기 첫 10년 동안 중국이 발전해온 추세를 잘 보여준다. 차이메리카Chimerica[1]라는 신조어를 만들어낸 하버드대학 비즈니스스쿨의 니얼 퍼거슨Niall Ferguson 교수는 2008년에 다음과 같은 언급으로 사람들의 '충칭 상상'을 생생하게 포착한 바 있다.

---

1 Niall Ferguson·Moritz Schularick, ˝Chimerica and the Global Asset Market Boom,˝ *International Finance*, vol. 10, 2007.

서브프라임 모기지 사태가 발생하고 1년 뒤에 나는 '차이메리카'의 동부, 즉 중국을 방문했다. 중국의 급속한 발전을 충칭보다 더 잘 보여주는 곳은 없었다. 양쯔강 상류에 위치한 충칭은 오늘날 세계에서 가장 빨리 성장하는 도시이다. 이전에 중국을 방문했을 때도 경탄할 만한 건설 장면을 여러 차례 목격한 바 있지만, 충칭의 속도에 비하면 상하이나 선전은 초라하게 보일 지경이다.[2]

흥미로운 점은 충칭 방문으로 인해 퍼거슨 교수가 자신의 '차이메리카' 이론을 바꾸게 되었다는 것이다. 본래 '차이메리카' 이론에서 중국의 역할은 저축이고, 미국의 역할은 소비이다. 중국은 충분한 국내시장을 갖추고 있지 못하기 때문이다. 그런데 퍼거슨은 서부 내륙지역인 충칭에서 "경탄할 만한 건설 장면"을 목격했고, 그로부터 중국 국내시장의 거대한 잠재력을 깨닫게 되어 '차이메리카'의 종언을 예견하기에 이르렀다.

충칭이 퍼거슨의 '차이메리카' 이론을 뒤바꾼 것은 큰 의미가 있다. 국무원이 2007년에 충칭을 '전국 도농통합 종합개혁 실험지구'全國統籌城鄉綜合配套改革實驗區로 지정한 목적 가운데 하나도 국내시장을 활성화하는 것이었다. 도시 주민의 소비가 농촌 주민의 몇 배가 넘기 때문에, 중국경제의 성장 방식을 수출 주도에서 국내소비 위주로 전환하기 위해서였다. 2011년 3월에 전국인민대표대회는 제12차

---

2   다큐멘터리 『돈의 힘』 제6부 '차이메리카'.

5개년계획을 정식으로 선포했다. 민생개선을 경제발전 방식 전환의 출발점이자 기본 입각점으로 삼는 정책이 공표된 것이다. 그런 점에서 보면, 충칭의 도농통합 종합개혁이 시행하는 일련의 조치와 그로부터 얻은 경험들도 '부분에서 전체로 점차 나아가는' 과정으로 이해할 수 있다.

이 글의 목적은 헨리 조지Henry George, 제임스 미드 그리고 안토니오 그람시Antonio Gramsci의 이론으로 충칭의 실험을 바라보는 것이다. 서술하기에 앞서서, 이렇게 이론적으로 해석하려는 시도가 어떤 의미를 갖는지 설명할 필요가 있다. 여기서 충칭실험의 참여자나 지도자가 의식적으로 이런 이론을 통해 실천을 하고 있다고 말하려는 것은 결코 아니다. 프리드리히 빌헬름 니체Friedrich Wilhelm Nietzsche는 『도덕의 계보』에서 이런 명언을 남겼다. "행동이 곧 전부이다." 그는 행동의 배후에 '주체'가 존재한다는 것을 부정했다. 원래 언급은 다음과 같다.

> 행동의 배후에 존재란 없다. '행동자'란 사후에 발명된 것이다. 행동이 곧 전부이다.[3]

'행동자'에 대한 니체의 부정은 여러 학자나 독자들을 당황스럽

---

3 Friedrich Nietzsche, *On the Genealogy of Morals*, First Essay, Section 13, Cambridge University Press, 2007[1887]. [프리드리히 니체 지음, 김정현 옮김, 『선악의 저편·도덕의 계보』, 책세상, 2002.]

게 만드는 '니체 연구'의 난제이다. 시카고대학 '사회사상위원회'의 로버트 피핀Robert Pippin 교수는 이 난제를 해결했다. 그의 해결방식은 우리가 '충칭실험' 배후의 '행동자'를 설명하고, 헨리 조지나 미드나 그람시의 이론으로 충칭의 실험을 바라보는 것이 어떤 의의가 있는지를 설명하는 데 도움이 된다.

피핀은 다음과 같이 명확히 지적한다.

니체가 행동주체의 존재를 부정하려 한 것은 결코 아니다. 그는 다만 행동으로부터 분리된 주체를 부정했을 뿐이다. 주체는 행동 속에 있다. 〔……〕 니체가 『차라투스트라는 이렇게 말했다』에서 "어머니가 아이의 내면에 있듯이, 나는 당신이 당신의 행동 속에 있기를 바란다"라고 말했듯이.[4]

그리고 니체의 입장을 이렇게 해석한다.

의도의 형성과 표현은 늘 시간 속에서 유동하고, 어떤 일의 전개에 따라 변화되고 뒤바뀐다. 어떤 일에 막 참여했을 때 의도가 X라고 생각했는데, 시간이 지남에 따라 X가 결코 자신의 의도를 정확하고 완전하게 표현하지 못함을 깨닫게 된다. 어쩌면 의도는 Y일 수도 있

---

4 Robert Pippin, *Nietzsche, Psychology and First Philosophy*, University of Chicago Press, 2010, 75~76쪽.

고, 나중에는 사실 의도가 Z임을 깨닫게 될 수도 있다. 현실을 완성하는 행동과 분리해서는, 어떤 사람의 '진실한' 의도가 도대체 무엇인지를 확정할 방법이 없다.[5]

개인인 '행동자'의 동기를 확정하기도 어려운데, 충칭실험의 '집단행동자'의 동기를 확정하는 것은 훨씬 더 어렵다. 헨리 조지, 미드, 그람시의 이론으로 충칭실험을 바라보는 것의 의의가 바로 여기에 있다. 충칭실험의 참여자들이 의식적으로 이런 이론들을 추종한 것은 아니지만, 그들의 행동은 분명 이런 이론들과 부합된다. 헤겔은 일찍이, "프랑스혁명은 그것에 관한 좋은 책이 써지게 하기 위해 일어났다"라고 말한 바 있다. 헤겔의 이 말이 완전히 터무니없는 것은 아닌지도 모르겠다.

지표거래, 주민등록제 개혁, 헨리 조지의 이론

2008년 12월 4일에 충칭 농촌토지거래소가 문을 열었다. 전국에서 최초로 도농통합 토지거래를 위한 공간이 열린 것이다. 그리고 지금에 이르기까지 전국에서 유일한 토지거래소로 자리 잡고 있다.

충칭의 토지지표거래제도는 중국의 두 가지 기본적인 국가정책

---

5 Robert Pippin, 앞의 책, 78쪽.

과 관련이 있다. 하나는 공업화와 도시화 건설 과정을 가속화하는 것으로, 이를 위해서는 농경지를 건설용지로 전환하는 것이 반드시 필요하다. 다른 하나는 국제 전략과 국가안보 측면의 고려로, 18억 무畝[•] 이상의 농경지를 반드시 확보해야 한다는 것이다. 서로 충돌하는 이 두 목표를 어떻게 조화시킬 것인가? 2005년 10월에 국토자원부는 '도시 건설용지 확대와 농촌 건설용지 축소 상호연계 시범사업에 관한 의견'關于規範城鎭建設用地增加與農村建設用地減少相挂鈎試點工作的意見을 발표했다. 도시의 건설용지를 확대하기 위해서는 농촌의 건설용지를 축소함으로써 균형을 이루어 전체적으로 농경지 총량에 변함이 없도록 유지해야 함을 교묘하게 요구하는 내용이다. 충칭은 '지표거래'라는 아이디어를 창안함으로써, 이러한 도농 건설용지 확대·축소 상호연계 시범사업의 혁신적 귀감이 되었다.

'지표'地標는 사용하지 않는 농민의 주택용지와 그 부속시설 용지, 향진기업 용지, 농촌 공공시설 용지 등 농촌의 건설용지를 농경지로 복원함으로써 확보된 건설용지 활용지수이다. 이 수치는 토지거래소에서 건설용지가 필요한 대상에게 거래를 통해 양도할 수 있다. 도시화의 진행으로 도시 인근의 농촌은 토지가치 상승에 따른 수익을 많이 누리는 반면, 도시에서 멀리 떨어진 농촌의 농민들은 도시화와 공업화로 인한 토지가치 상승의 혜택을 거의 누리지 못한다. 그런데 지표거래를 통해 농촌의 집단소유 건설용지와 도시 건설

• 1무는 대략 666.76평방미터이다.

용지의 확대·축소를 상호연계하여, 원거리와 광범위로 전환이 가능하게 함으로써, 도시에서 멀리 떨어진 농촌 지역의 토지 가치를 대폭 상승시켜, 도시가 농촌을 부양하고 발전된 지역이 낙후된 지역의 발전을 이끌도록 할 수 있다. 예를 들면, 충칭 도심主城區•에서 600킬로미터나 떨어진 청커우城口현의 복원 경작지 61.86무는 현지에서 양도 가격이 1무당 11,300위안이다. 그런데 충칭시 지에팡베이解放碑에 위치한 토지거래소에서 이 토지의 지표는 1무당 115,700위안에 거래되었다.

이런 지표거래는 두 가지 좋은 점이 있다. 하나는 농경지를 보호한다는 것이다. 2009년에 충칭의 농경지 면적은 2,237,600헥타르였다. 도시가 빠른 속도로 확장되는 가운데도 농경지가 감소하기는커녕 2008년에 비해 오히려 1,700헥타르나 증가했다. 어떻게 해서 그것이 가능했는가? 충칭시장인 황치판黃奇帆은 장진江津구 궁무孔目촌의 사례를 통해 이렇게 설명한다.

이 마을의 32가구 113명은 기존의 소규모 촌락에서 농민신촌農民新村으로 결집하여 살게 되면서, 주택용지와 그 부속시설 용지 47.5무를 내놓았다. 각 가구는 새 주거지에서 평균 174평방미터의 주거용

지를 받았고, 거기에 공공시설 용지를 더하면, 전체 가구의 이주에 들어간 토지의 총면적은 10무이다. 따라서 건설용지 37.5무가 절감되었다. 원래의 주택용지와 부속시설 용지를 경작지로 복원한 후 검수를 거쳐 환산하고, 거기서 농민신촌의 정착용 토지 면적을 제외하여, 36.2무의 '지표'가 산출되었다. 궁무촌 1인당 평균 수준의 80% 정도로 보수적으로 계산해도, 한 사람당 건설용지 지표 0.26무가 절약된 것이다. 향후 2~3년 사이에 시 전체에서 대략 45만 가구의 농민이 소규모 촌락에서 대규모 촌락으로 결집하여 거주하게 될 것이니, 그러면 건설용지 41.3만 무가 절감되는 셈이다. 2020년에는 충칭의 농민 1천만 명이 도시로 이주하게 될 것이고, 따라서 건설용지 지표 260만 무가 절감될 것이다.[6]

지표거래의 두 번째 좋은 점은 농민공*의 주민등록제戶籍(후커우) 개혁 추진에 도움이 된다는 것이다. 2010년 8월 15일에 충칭은 전국 최대 규모의 농민공 주민등록제 개혁을 시작했다. 충칭시 도심지역에서 5년 이상 일했거나 충칭의 기타 구區나 현縣에서 3년 이상 일한 경우, 그리고 중심진中心鎭**에서 1년 이상 일한 농민공에게 무조건 충칭시민 주민등록을 발급하는 것이 그 내용이다. 이로써 그들이 양

---

6 황치판黃奇帆, 「충칭의 지표거래 실험」農地交易的重慶實驗, 『조망』瞭望 2010년 11월 8일.
● 농촌 출신으로 도시에 와서 일하는 노동자. 농민이자 노동자라는 이중적 신분을 갖는다.
●● 개발이 잘 되어 있고 성장 잠재력이 커서 주변 지역에 큰 파급효과를 낼 수 있는 진鎭. 현縣급 시나 현의 부도심 역할을 수행하도록 지방 성省정부가 지정한다.

충칭 농촌토지거래소 거래 지표 공시 상황

로, 거주, 의료, 취업, 자녀교육 등에서 기존의 시민들과 완전히 동일한 대우를 누리게 한다는 것이다. 게다가 새로이 도시 주민등록을 갖게 된 농민공이라도 자신이 농촌에서 가지고 있던 기존의 '세 가지 권리', 즉 주택용지와 경작지와 임야에 대한 소유 및 사용권을 포기할 필요는 없다. 만약 농민공이 자원해서 토지를 내놓는다면 정부는 전국의 모든 지역에서 공통적으로 시행하고 있는 토지수용 보상비 지급 이외에 충칭 특유의 보상, 즉 주택용지의 농경지 복원에 따라 산출된 지표를 거래하여 얻은 수익의 85%를 제공하게 된다. 현재 지표 1무의 시장가격은 15만~20만 위안 정도이고, 총거래량은 6만 무이므로, 총거래액은 이미 103억 3천만 위안에 이른다. 위의 사진은 충칭 토지거래소의 제1차 '지표' 거래의 상황이다.

지표거래의 본질은 토지개발권의 양도이다. 나는 지표가 형식적인 토지공급량 계획지수가 아니라, 토지 '개발권' 지수라고 본다. 개발권은 소유권이나 사용권과는 다른, '토지 용도전환'의 권리이다. '지표거래'를 통해 충칭은 사실상 암묵적으로 농민이 '토지개발권'을 제한적으로나마 소유하고 있음을 인정한 셈이 되었다. 개발업자들은 '지표', 즉 농민의 제한적인 '토지개발권'을 구입해야만 도시 건설용지 사용권의 경쟁 입찰에 참여할 자격을 얻을 수 있다. 이는 현재 개정 중인 「토지관리법」에 중요한 영향을 미칠 것이다. 기존의 「토지관리법」에는 '토지개발권'이라는 개념 자체가 없기 때문이다. 미국의 일부 주에서는 토지의 '개발권전환제'TDRs, Transfer of Development Rights를 시행하고 있기도 하다. 어떤 지역 내에서 계획에 따라 개발을 시행하는 토지소유자는 토지를 그대로 보유하려는 여타 토지소유자들로부터 충분한 '몫'의 토지개발권을 구입해야 비로소 토지개발을 진행할 수 있다는 내용의 제도이다. 충칭의 지표거래는 도시의 건설용지 지표에 기여를 한 농민에 대한 혁신적인 보상방식이다. 이는 사실상 농민의 토지개발권에 대한 암묵적인 인정이고, 개발권의 시장가치의 실현이다. 이러한 토지개발권 거래소는 서구에서도 있었던 적이 없다. 단지 미국의 일부 주에서 부분적인 거래가 이루어졌을 뿐이다.[7] 따라서 충칭의 토지거래소는 중국뿐만 아니라 세계적으로도 매우 중대한 제도적 혁신이라고 할 수 있다.

최근 충칭의 인민대표대회는 주민등록을 옮긴 농민공도 토지청

---

7 정책문건, "Development Rights Transfer in New York City," *Yale Law Journal*, Vol. 82, No.2, 338~372쪽.

부권土地承包權을 행사할 수 있도록 법을 제정했다. 이는 더 많은 대중들이 합법적인 개인재산에 근거하여 자산운용 수익을 가질 수 있게 하는 중대한 시도이다. 도시 주민등록으로 전환한 농민들이 여전히 토지청부권을 행사하게 됨으로써, 사실상 「물권법」物權法상의 토지청부경작권土地承包經營權은 '청부권'과 '경작권'으로 분리되었다.[8] 토지의 집단소유권과 농민청부경작권의 분리가 '양권분리'兩權分離라면, 충칭시위원회 상임위원인 쉬밍徐鳴이 말했듯이, 충칭에서 도시 주민등록으로 전환한 농민(현재 이미 230만 명)들이 여전히 토지청부권을 행사하는 것은 바야흐로 소유권과 청부권과 경작권의 '삼권분리' 三權分離가 이루어지는 것이라고 할 수 있다.

지표거래와 주민등록제 개혁과 헨리 조지는 무슨 관계인가? 이것을 설명하기 위해서는 쑨중산孫中山을 언급해야 한다. 금년은 신해혁명辛亥革命 백주년이 되는 해이다. 충칭 사람들은 쑨중산을 기념할 때면 그가 처음으로 싼샤三峽공정이라는 거대한 구상을 제기했음을 떠올린다. 충칭이 직할시가 된 것도 이로부터 기인한 것이다. 그런데 쑨중산이 일찍이 광저우廣州가 아니라 충칭을 혁명의 근거지로 삼으려고 계획했다는 사실을 기억하는 사람은 별로 없을 것이다. 그러므로 쑨중산이 전적으로 신뢰했던 충칭 사람, 쓰촨四川성 성장과

---

8 중국에서 2007년 3월 16일에 「물권법」이 정식으로 통과되기 전에 법안 초안 작성을 위한 두 개의 소위원회가 활동했다. 각각 중국사회과학원의 량후이싱梁慧星과 런민人民대학의 왕리밍王利明이 책임자였는데, 량후이싱은 토지청부경작권을 계약상의 권리로 보았고, 왕리밍은 토지청부경작권을 물권物權으로 간주했다. 최종적으로 통과된 법안은 왕리밍의 관점에 가까운 것이다.

광둥廣東성 성장을 연이어 맡았고 '중국국민당개조선언'中國國民黨改組宣言의 초안을 작성한 양창바이楊滄白를 거론하지 않을 수 없다.

충칭의 관광명소인 홍야둥洪崖洞에서는 10층의 차관茶館에서 정면으로 멀리 양쯔강과 자링嘉陵강이 합쳐지는 장관이 내려다보이고, 뒤쪽으로 곧장 가면 양창바이에게서 이름을 따온 창바이滄白로에 이른다. 양창바이는 충칭 신해혁명의 지도자이고, 쓰촨이 중국 전체의 신해혁명에서 핵심적인 역할을 하게 만든 인물이다. 청나라 정부가 돤팡端方*에게 명령하여 후베이湖北의 육군을 이끌고 쓰촨으로 가서 보로운동保路運動**을 진압하게 하자, 자연스럽게 우창武昌의 방어가 소홀해지게 되었고, 결국 1911년 10월 10일에 우창에서 일어난 최초의 봉기가 성공하게 된 것이다. 10월 13일에 돤팡이 군대를 이끌고 충칭에 도착하자, 충칭 시내의 봉기 계획은 실현되지 못했다. 그러나 양창바이는 도심 외곽인 창서우長壽와 난촨南川에서 봉기를 일으켰다. 양창바이의 학생이었던 꿔모뤄郭沫若***는 이후 그를 '쓰촨 혁명당원의 원조'라고 칭송했다.

양창바이는 사천성 성장으로 재직하면서 랴오중카이廖仲愷를 재정청財政廳장으로, 장제스蔣介石를 경무처警務處장으로 초빙했다. 두

• 1861~1911. 청말淸末의 대신. 금석학자. 중국 신식교육의 창시자 중 한 사람. 쓰촨에서 보로운동이 일어나자 신군新軍을 이끌고 진압하러 갔다가 반란을 일으킨 부하들에게 피살당했다.
•• 1911년 5월에 청 정부가 쓰촨, 후베이, 후난湖南, 광둥 등지에서 민간이 출자하여 부설한 철도를 국유화하고 다시 국외로 그 부설권을 팔아넘기려 하자 그것에 반대하여 일어난 운동.
••• 1892~1978. 현대 중국의 혁명가, 시인, 극작가, 고고학자, 역사학자. 쓰촨 출신. 중국 현대시의 선구자. 중화인민공화국 성립 이후 전국정치협상회의 부주석과 중국 문련文聯 주석, 중국과학원 원장 등 요직을 역임했다.

사람은 부임하기 위해 길을 떠났지만, 쓰촨의 또 다른 군벌인 슝커
우熊克武가 반대하여 별 수 없이 도중에 되돌아갔다. 랴오중카이는
미국 샌프란시스코 출신으로, 미국의 토지개혁 이론가이자 실천가
인 헨리 조지의 저서『진보와 빈곤』을 최초로 중국에 번역 소개했다.
쑨중산은 자신의 민생주의民生主義 가운데 '지가 상승 공유화'漲價歸
公 이념이 헨리 조지의 '토지단일세' Single Tax on Land 이론에서 직접
적으로 영향을 받았음을 여러 차례 밝힌 바 있다. 토지의 '지가 상승
공유화' 이념에 관한 쑨중산의 가장 명확한 언급을 다음의 서술에서
확인할 수 있다.

여러분이 가장 신뢰하는 것이 토지가격을 정하는 법입니다. 예를 들
어, 땅주인이 1천 위안짜리 토지를 가지고 있다면 1천 위안으로 값
을 매기거나, 또는 많을 경우 2천 위안까지 값을 책정할 수 있을 것
입니다. 그런데 그 토지가 이후 교통이 발달하여 1만 위안까지 값이
올랐다고 칩시다. 그래도 지주가 2천 위안만 가져도 당연히 이익이
지 손해는 아닙니다. 나머지 이익 8천 위안은 마땅히 국가로 귀속되
어야 하는 것입니다. 이래야 국가와 민생에 모두 큰 이익이 됩니다.
그리고 소수 부자들이 농단하는 폐단 또한 자연스럽게 사라집니다.
이것이야말로 가장 간단하고 시행하기 쉬운 법입니다. 〔……〕 중국
에서 사회혁명이 실시된 후 개인들은 영원히 세금을 낼 필요가 없습
니다. 그저 토지세 한 가지만 거두어도 지구상에서 가장 부유한 나
라가 될 것입니다. 이러한 사회에 근거한 국가는 다른 나라들이 절

대 따라오지 못할 것입니다.[9]

쑨중산은 토지 가치의 상승을 (특히 공공기초시설 투자를 포함한) 사회의 집단적 행위의 결과로 보았다. 따라서 그것을 당연히 사회에 반환해야 하고, 토지세의 사회화를 실현해야 한다고 여겼다. 토지세의 사회화를 이루면 '개인들은 영원히 (여타) 세금을 낼 필요가 없다'는 것은 바로 헨리 조지의 '토지단일세' 이념이다. 2001년에 노벨경제학상을 수상한 조지프 스티글리츠Joseph E. Stiglitz는「총토지세, 공공재 지출 그리고 도시의 최적 규모」Aggregate Land Rents, Expenditure on Public Goods, and Optimal City Size라는 글에서 '헨리 조지의 원리'를 다음과 같이 입증했다.

〔……〕경제활동의 공간적 집중이 순수한 지역성 공공재에 기인하고 인구 규모가 최적화된 단순한 형태의 공간 경제에서, 총토지세는 순수한 공공재에 대한 지출과 총량이 같다. 〔……〕토지세의 과도한 몰수성 징수는 효율적이지도 않고, 또한 순수한 공공재에 자금을 공급하는 데는 단일세가 필요하다.[10]

9 쑨중산孫中山, (1906년 12월 2일)「도쿄 '민보' 창간기념 축하대회에서의 연설」東京'民報'創刊周年慶祝大會的演說, 중국사회과학원 근대사연구소中國社會科學院近代史硏究所 편,『쑨중산전집』孫中山全集 제1권, 中華書局, 1981, 328쪽.
10 斯蒂格利茨,「总地租, 公共物品支出和最优城市规模」, 斯蒂格利茨,『斯蒂格利茨經濟學文集』제5권, 中國金融出版社, 2007, 336쪽.

통속적으로 말하자면 '헨리 조지의 원리'는, 토지 지가 상승 공유화를 실현하면 '개인들은 영원히 (여타) 세금을 낼 필요가 없다'는 것이다. 이는 효율성이나 공평성의 양 측면에서 모두 이로운 것이다. 물론 '헨리 조지의 원리'에 대한 스티글리츠의 입증에는 전제가 붙어 있다. 예컨대 '인구 규모의 최적화' 같은 것은 중국 현실 속의 도시에는 전혀 맞지 않는다. 그러나 이 원리는 우리로 하여금 현재 '토지재정'의 이중성을 보게 만든다. 현재 '토지재정'에 대한 사회의 비난 여론은 대부분 '높은 토지 양도금-높은 토지가격-높은 부동산가격'이라는 메커니즘에 대한 비판에서 시작된 것이고, 이는 어느 정도 타당한 측면이 있다. 그러나 '토지재정'이 전국 각 지방 재정수입의 50% 이상을 차지하고 있기 때문에 기업이나 개인의 세금 납부가 크게 늘어나지 않는다는 점을 잊어서는 안 된다. 결국 관건은 '토지재정'의 이중성을 정확하게 처리하는 것이다. 즉 높은 토지가격이 높은 부동산가격을 유발하는 것을 막고, 정상적인 지가 상승 공유화의 수익이 유실되는 것을 방지하는 것인데, 충칭은 이를 비교적 잘 처리하고 있다. 2003년 2월에 충칭은 토지보유센터土地儲備中心*를 기반으로 충칭토지자산그룹重慶地産集團을 설립했다. 시정부가 출자하여 정부주도형의 토지 보유 및 공급 메커니즘을 만든 것이다. 황치판 시장은 펑황鳳凰 TV와의 인터뷰에서 이렇게 말했다.

● 정부가 토지보유제도를 시행하고 시장의 방식에 따라 토지자원을 배분하기 위해 만든 기구이다. 국토자원국國土資源局 산하의 직속 단위로 각 지역에 설치되며, 토지의 매입이나 사용권 양도, 토지거래시장 관리 등의 업무를 수행한다.

토지를 경매拍賣하거나 공매挂牌하거나 공개입찰招標할 수 있는 권력
은 여러분이 토지를 소유함으로써 생기는 권리와는 다릅니다. 토지
는 구나 현 산하의 가로街路나 공동구역도 있고, 주민들이 사용하고
있는 것도 있습니다. 개발업자들이 이 토지를 확보하려 하면, 지금
은 그저 200무 정도만 개발할 수 있더라도 10년 후에나 개발할 수
있는 땅 2,000무 정도를 경매 등을 통해 미리 사들여서, 결국 개발
업자들에게 토지가 집중되게 됩니다. 어떤 도시에서 이미 건설된 용
지 이외에 건설을 기다리는 용지의 3분의 2가 개발업자의 수중에 떨
어져서 정부소유 토지가 별로 없게 된다면, 매년 일부 토지를 경매
로 내놓을 때 개발업자들은 가격을 크게 올려놓을 것입니다. 그렇게
토지가격이 올라가면 집값 역시 모두 올라가게 됩니다. [……] 우리
가 3년이나 5년이나 10년 동안 사용해야 할 토지라면, 계획과 관리
의 측면에서 보더라도, 시市급 지방정부의 토지보유센터가 그것을
보유해야 합니다. 만약 정부가 비교적 많은 토지자원을 보유하고 있
다면, 아무리 부동산가격이 오르고 그런 가격에 토지 매물이 나오
더라도, 정부가 사실상 가격을 통제할 수 있습니다. 충칭 정부는 지
난 5년 동안 시종일관 하나의 원칙을 지켜왔습니다. 상업용 부동산
토지 경매가격은 그 토지 주변의 단위건축면적당 평균 토지가격의
3분의 1을 절대 초과하지 못하게 하는 것입니다. 따라서 충칭 정부
가 토지를 경매해도 부동산가격을 끌어올리는 작용을 하지 않았습
니다.[11]

토지등급	상업용지(40년)	주택용지(70년)	공업용지(50년)
1	840	590	440
2	660	500	300
3	530	420	170
4	450	310	150
5	380	270	130
6	330	250	120
7	290	210	90
8	260	160	80
9	240	110	
10	220	100	
11	200	90	
12	190	80	

2002년 충칭시 국유토지 사용권 양도금 기준(단위: 위안/평방미터)

사실 일반적인 '지가 상승 공유화'의 성격을 갖는 '토지재정'은
충칭에서 이미 시행되어왔다. 2002년에 황치판은 동일한 등급의 토
지가격(토지수용 이주비, 7통 1평* 비용, 정부 양도금)을 비교한 결과 충칭이
청두城都의 50%밖에 되지 않는다는 것을 발견하고, 충칭의 평방미

11　평황 위성TV 프로그램 『신주문답』答問神州의 황치판 인터뷰, 「백만 명을 위한 충칭의 공공임
대주택 건설이 술수를 부리는 것은 아니다」重慶爲百萬人建公租房不是擺噱頭, 『충칭일보』重慶日報
2010년 7월 5일.
●　7통은 상수도通給水, 하수도通排水, 전기通電, 통신通訊, 도로通路, 가스通燃气, 난방通熱力
연결을 뜻하고, 1평은 택지조성을 위한 정지작업場地平整을 뜻한다.

터당 기준 토지가격을 청두보다 10위안 비싸게 책정하기로 결정했다. 산지에 위치한 충칭의 '7통 1평' 비용이 마땅히 평지에 위치한 청두보다 비싸야 한다는 이유에서였다. 그해에 충칭의 토지재정 수익은 2001년 이전의 2억 위안에서 10억 위안으로 상승했다. 2010년에 충칭의 토지재정 수익은 980억 위안에까지 이르렀다. 앞의 표는 충칭의 2002년 토지양도금 기준이다.

지표거래와 주민등록제 개혁과 '헨리 조지의 원리'의 관계는 다음과 같은 내용에서 찾아볼 수 있다. 첫째, 지표를 통해 건설용지의 도농 간 원거리 교환을 실현하여, 도시화와 공업화에 따른 토지가치 상승의 수익을 도시 인근 지역 농민뿐 아니라 도시에서 멀리 떨어진 지역의 농민들까지 고루 누리게 하고, 더욱 넓은 범위에서 '지가 상승 공유화'를 실현한다. 둘째, 충칭시 정부가 토지를 충분히 보유함으로써, 충칭이 전국에서 솔선수범하여 대규모로 공공임대주택을 건설하고, 도시 주민등록으로 전환한 농민공들을 그 공공임대주택의 주요 세입자로 받아들인다.

'국유부문과 민간부문의 공동 발전', 제3재정, 제임스 미드의 자유사회주의

이미 고인이 된 미국 알래스카 전 주지사 제이 해먼드Jay Hammond는 제2차 세계대전 기간에 미군의 조종사로 충칭에 주둔한 적이 있다. 뉴욕주에서 성장한 그는 충칭의 화로 같은 무더위에 질려서, 전쟁이 끝난 후 자신의 인생을 좌우하는 중요한 선택을 한다. 미국에서 기후가 가장 서늘한 알래스카로 가게 된 것이다. 주민의 대부분이 어민인 알래스카주에서, 공군 조종사 출신인 해먼드는 재능을 발휘하여 세 차례나 주지사에 당선되었고, 2006년에 병으로 사망했다. 그런데 그는 생전에 충칭을 결코 잊어버리지 않았다. 1979년에 중미 수교가 이루어지자, 미국 주지사로서는 최초로 중국을 방문했고, 덩샤오핑鄧小平과 직접 면담까지 했다. 이는 해먼드의 인생에서 충칭과 맺은 개인적 인연 덕분이었다. 그런데 여기서 더욱 중요한 의미를 갖는 것은, 해먼드가 알래스카주에서 추진한 정책의 두 가지 핵심이 현재 충칭에서 시행되는 민생정책과 의도하지 않게 똑같은 모습을 하고 있다는 점이다.

알래스카주 경제정책의 첫 번째 핵심은 '공유자산의 시장 수익은 사회적으로 분배되어야 한다'는 것이다. 1968년에 알래스카주 프루도 만Prudhoe Bay에서 막대한 양의 석유와 천연가스 자원이 발견되자 알래스카주는 천연자원이 공공의 소유임을 헌법에 규정했다. 1969년 9월에 주정부는 프루도 만 유전의 채굴권을 임대하여 9억 달러의 수입을 올렸는데, 이는 알래스카주가 1959년에 처음 세워진 후 1969년에 이르기까지 매년 벌어들인 수입을 모두 합한 총액에 가까운 금액이다. 이러한 엄청난 공공자산 덕분에 알래스카 주정부는 수많은 사회경제적 프로그램을 시행할 수 있었다. 그런데 많은 알래스카 주민들은, 석유와 지하자원에서 얻은 수입을 조만간 다 써버리고 나면 더 이상 이러한 공공자산의 혜택을 보지 못하게 되는 것이 아닌가 걱정하기 시작했다. 그러자 1976년에 알래스카 주지사 해먼드가 이 돈으로 영구기금을 만들어서 알래스카 주민들이 자손 대대로 그 혜택을 누리게 하자는 제안을 했다. 1980년에 알래스카 주의회는 해먼드의 방안, 즉 영구기금 배당 계획을 통과시켰다. 그 내용을 구체적으로 살펴보면, 이전 4년 동안의 영구기금 투자 순수입을 평균한 금액의 50%를 알래스카주에 만 6개월 이상 거주한 주민에게 매년 나눠준다는 것이다. 1982년 가을과 겨울에 알래스카주의 40여 만 주민들은 모두 사회적 분배로 1인당 1천 달러짜리 수표를 받았다. 1982년부터 지금까지 알래스카주는 28년 동안 연속으로 모든 주민들에게 사회적 분배를 실시했다. 다우존스지수가 최고점을 찍은 2000년에는 알래스카 주민 1인당 1963.86달러가 분배되었고, 영구기금의 시장가치는 284억 달러에 이르렀다. 이후 인플레이션으로 인해 영구기금 원금의 구매력이 잠식되는 것을 막기 위해서, 주의회는 유보되는 영구기금 투자 순수입의 나머지 50%를 기금의 원금 보충에 우선 사용하도록 하는 법안을 통과시켰다. 그리고 기금의 원금을 보충하고도 남는 순수입은 기금의 수입 유보 통장에 예치했다가 의회의 입법을 거쳐 기타 용도로 사용할 수 있게 했다.

'공유자산의 시장 수익은 사회적으로 분배되어야 한다'는 이런 원칙은 충칭의 민생정책을 통해서도 구현되었다. 충칭시위원회의 '민생 10조'* 가운데 제7조는 다음과 같다.

6만 개의 초소형 기업을 육성하여, 시민들을 위한 일자리 30만 개를 새로 창출한다. 대학이나 전문대 졸업생, 실업 인력, 고향으로 돌아온 농민공, '농업에서 기타 산업으로 전업'農轉非한 사람, 싼샤 수몰지구 이주민, 장애인, 퇴역 군인, 문화창의산업 인력, 정보통신기술자 등의 자력 창업을 중점적으로 지원한다. 시는 재정에서 매년 3억 위안을 출자하여, 사업자등록에 의거하여 자본의 30~50%를 보조해준다.

초소형 기업에 대해 충칭시 정부가 시행하는 자본 무상보조에서,

• 2010년 6월 24~25일에 충칭시위원회는 향후 2년 반 동안 시민들이 가장 큰 관심을 갖는 10대 민생문제 해결에 총력을 기울일 것을 결정했다. 그 내용은 다음과 같다. 첫째, 3천만 평방미터, 60만 호의 공공임대주택을 건설하여 충칭 인구의 30%인 저소득층의 주거문제를 해결한다. 둘째, 1만 위안 수입증대 공정을 실시하여, 양익(兩翼, 2006년 11월에 충칭시는 '1권역 양익'一圈兩翼 발전 전략을 공표했다. '1권역'은 도심主城을 중심으로 1시간 통근거리에 해당하는 지역을 원형의 경제권역으로 묶은 것이고, '양익'은 중심 권역을 제외한 지역을 두 개의 날개로 형상화하여 묶은 것이다. 위와 아래를 각각 위둥베이 날개渝東北翼와 위둥난 날개渝東南翼라고 이름 붙였다.) 지역의 95%를 차지하는 농민의 수입을 3년 동안 1만 위안 이상 늘린다. 셋째, 삼림녹지율을 40%, 도시녹지율을 35%까지 올려서 국가급 녹색도시, 생태환경도시, 환경보호 모범도시를 건설한다. 넷째, 전체 초중등학교와 유치원에 교통순경을 배치하고, 5백 개의 교통순경 파출소를 세운다. 다섯째, 충칭 전체 농민을 대상으로 한 양로보험을 우선 실시하여, 3백만 농촌 노인들의 양로문제를 해결한다. 여섯째, 농촌에 남겨진 130만 아동들을 보호 육성하여, 외지에 나가 일하는 그 부모 농민공들의 걱정을 덜어준다. 일곱째, 농민공들의 주민등록문제 해결을 돌파구로 삼아 주민등록제도 개혁을 추진함으로써, 2020년에 충칭 전체 인구의 도시 주민등록 보유율을 60% 이상으로 올린다. 여덟째, 향진鄕鎭 보건소와 말단 지역 위생센터 150곳을 확충하고, 기본 의약품 '제로 이윤' 제도를 시행함으로써, 주민들이 의료 혜택을 좀 더 쉽게 받을 수 있도록 한다. 아홉째, 6만 개의 초소형 기업을 육성하여 시민들을 위한 일자리 30만 개를 새로 창출한다. 열째, '삼진삼동'三進三同(2008년에 충칭시위원회와 시정부가 시작한 간부 및 공무원 민생 탐방 운동의 주요 구호), '빈농 자매결연' 結窮親, '민생 대탐방'大下訪 등을 견실하게 시행하고, '삼항제도'三項制度(시민 소통 및 봉사를 위해 충칭이 시행 중인 세 가지 제도)를 심화시켜서, 대중의 목소리를 직접 듣고 그들의 어려움을 해결해준다.

매년 시 재정에서 출자되는 3억 위안 가운데 1억 위안은 충칭 국유자산의 시장운용 수익이므로, 이는 일종의 '간접적인 사회적 분배'라고 할 수 있다. 충칭의 인구는 알래스카주와 비교할 수 없을 만큼 많기 때문에 알래스카주처럼 주민들에게 직접적으로 사회적 분배를 시행하는 것은 3,200만 충칭 주민들에게 큰 의미가 없다. 그러나 국유자산 수익으로 초소형 기업의 자본금을 보조해주는 것은 사실상 '사회적 분배'의 원리와 일치하는 것이다. 2011년 7월 23일에 통과된 '3대 격차 축소와 공동의 부 촉진에 관한 중국공산당 충칭시위원회의 결정'中共重慶市委關于縮小三個差距促進共同富裕的決定에서는 한 걸음 더 나아가 다음과 같이 명확하게 규정하고 있다. "국유자본의 경영예산을 잘 수립하고 그 수익의 30%를 재정에 납부함으로써, 민생을 이롭게 하고 사회에 도움이 되도록 하여, 국유기업의 전민소유라는 사회적 성격을 충분히 구현한다."

알래스카주 경제정책의 두 번째 핵심은 '공유자산의 시장운용 수익이 정부로 하여금 기업과 개인의 소득세를 면제하게 하고 민간의 부를 증대시키는 근거가 된다'는 것이다. 충칭에서 공유자산의 시장운용 수익 덕분에 정부가 자신 있게 기업소득세를 내리게 된 상황은 알래스카주의 경우와 매우 흡사하다. 2000년부터 중앙정부가 서부지역의 12개 성省과 시市를 대상으로 시행한 서부대개발西部大開發 우대정책에 따라, 이 지역 공업기업에 대해서는 소득세를 15%만 부과했다. 그런데 서부지역 대부분의 성들은 지방재정의 악화로 말미암아 자진해서 이 우대정책을 포기하고, 2008년 1월 1일 전까지 33%

의 기업소득세를 징수했다. (2008년 1월 1일 이후로는 전국의 기업
소득세율이 25%로 인하되었다.) 오직 충칭만이 현재까지도 여전히
15%의 세율을 적용하고 있다. 이처럼 충칭의 민영기업은 비교적 적
은 소득세를 납부해왔고, 이는 공유자산의 시장운용 수익이 민간의
부를 증대하도록 뒷받침한다는 사실을 확인시켜주는 것이다. 국제
금융위기에 대응하는 과정에서 충칭은 2009년에 민간의 부를 증대
시키는 중요한 조치를 시행했다. 주민이 최초로 집을 구입하기 위해
융자를 얻으면, 지방의 개인소득세 가운데 그 부분을 공제해준 것이
다. 충칭의 국유자산 시장운용 수익은 정부의 '제3재정'이 되었다.
충칭의 대학성大學城*과 대극원大劇院에 대한 투자는 일반적인 의미
의 재정수입이 아니라, 국유자산의 시장운용 수익에서 나온 것이었
다. 그것이 아니었다면 대학성과 대극원에 대한 투자는 대부분 기업
과 개인에게 징수한 세금으로 충당해야 했을 것이다. 황치판 시장은
이 점을 다음과 같이 날카롭게 지적한다.

우리 충칭에서 국유자산과 재정의 결합은 바람직한 선순환을 이룬
다. 국유자산은 재정의 세 번째 주머니가 되고, 이 세 번째 주머니
덕분에 충칭은 그리 넉넉지 않은 재정에도 불구하고 민생에 더욱 많
은 지출을 할 수 있게 되었다. 우리 충칭은 재정의 51%를 민생에 지

● 2003년에 충칭시 정부의 승인으로 샤핑바沙坪坝구 20평방킬로미터의 면적에 건설된 교육기관
밀집 구역. 충칭대학重慶大學과 충칭사범대학重慶師範大學 등 14개 대학과 다수의 중학교 및 소학
교들이 입주해 있다.

출한다. 충칭은 어떻게 그처럼 많은 돈을 민생에 지출할 수 있는가? 중국 전체의 31개 성, 자치구, 직할시 가운데 오직 하나의 성만이 교육법을 준수하여, 교육에 대한 재정지출을 GDP의 4%로 맞추고 있다. 우리는 지난 몇 년 동안 매년 4% 이상을 달성했다. 오직 충칭만이 이를 달성한 것이다. 이 가난한 지방에서 어떻게 교육에 4%씩이나 지출할 수 있는가? 우리는 국유자산을 통해 벌어들인 돈으로 이를 보충한다. 만약 국유자산을 통한 보충이 없다면, 민생에 대한 지출을 줄일 수밖에 없을 것이다. 그런 점에서 충칭의 국유자산은, 충칭의 재정이 민생을 더욱 잘 떠받치게 하는 전략적인 역할을 한다고 볼 수 있다.[12]

충칭의 국유자산 총량은 2001년의 1,700억 위안에서 2010년 1조 2,000억 위안으로 증가했다. 단숨에 전국 4위로 도약한 것이다. 그러면서도 '국진민퇴'國進民退(국영부문 발전으로 민영부문이 쇠퇴하는 현상)가 유발되지 않고, '국영부문이 발전하면서 민영부문도 함께 발전'國進民也進하게 되었다. 2001년에 충칭 민영기업의 생산은 충칭 GDP의 38.8%에 이르렀고, 2010년에는 그 비중이 61.2%까지 올라갔다. 이런 사실은 다음과 같은 사례를 통해서 확인할 수 있다.

충칭의 샹춘지鄕村基 패스트푸드 체인*은 베이징 시간 2010년

---

12 자오이닝趙憶寧·쉬카이徐愷, 「충칭은 왜?」重慶爲什麽, 『21세기경제보도』21世紀經濟報道 2010년 4월 17일자에 수록.

9월 28일 저녁에 뉴욕 증권거래소에서 성공적으로 상장되었다. 이는 미국 주식시장에 최초로 상장된 중국 패스트푸드 체인이고, 또한 미국에서 최초로 상장된 충칭 기업이다. 샹춘지의 사업설명서에 따르면, 그 창업자인 리훙李紅과 장싱챵張興强 부부는 샹춘지의 주식 5,320만 주를 가지고 있다. 전체 주식의 66.40%이다. 약 200명의 샹춘지 중간관리자들은 2010년 초에 1주당 1달러의 가격으로 샹춘지의 신규공모주를 매입했다. 리훙은 '충칭 상장기업 가운데 가장 호방한 CEO'로 꼽힌다. 7% 이상의 자기 지분으로 직원들에게 스톡옵션 포상을 시행했기 때문이다. 가치로 환산하면 무려 3억 위안 이상의 금액이다. 샹춘지는 이미 영업점 수가 101호를 넘어서서, '중국의 맥도널드'로 불린다. 그 가운데 56개 영업점이 충칭에 있고, 31개는 쓰촨, 그리고 14개는 시안西安, 우한武漢, 창사長沙, 상하이 등지에 있다. 샹춘지의 성공은 물론 대부분 리훙 여사의 경영전략 덕분이다. 그런데 국가의 서부대개발에 따른 세금우대정책 역시 그 성공 원인 가운데 하나라고 할 수 있다.

국무원 전 부총리 쩡페이옌曾培炎은 2010년에 출간한 저서 『서부대개발 정책 결정 회고』西部大開發決策回顧에서 이렇게 말한다.

● 1996년에 충칭에서 처음 개점한 패스트푸드 체인. 처음 이름은 '샹춘지'鄕村鷄로, 미국의 KFC를 모델로 하는 아류업체로 영업을 시작했으나, 이후 중국식 입맛을 지향하는 쪽으로 방향을 바꾸어 크게 성공하면서 이름도 '샹춘지'鄕村基로 바꾸었다. 현재 중국 전역에서 200여 개 영업점이 운영되고 있다.

서부대개발 과정에서 국가는 국내외의 사회자금을 움직여서 서부로 흘러들어가게 하는 정책을 잇달아 내놓았다. 그 가운데 가장 효과가 큰 것이 세금우대정책이다. 이 정책은 서부지역에 설립된, 국가장려 산업에 속하는 내자 및 외자 기업에 대해, 일정 기한까지 기업소득 세를 15%의 인하된 세율로 징수하도록 규정했다.

당시 전국의 기업소득세율은 33%였다. 그런데 애초에 샹춘지는 '국가장려산업' 목록에 들어 있지 않았다. 그러나 '서부대개발 세금 우대정책 진일보 실시에 관한 충칭시 국가세무국의 통지'重慶市國家稅 務局關于進一步貫徹落實西部大開發稅收優惠政策的通知 덕분에 샹춘지는 15% 세금우대정책의 혜택을 받게 되었다. 이 통지의 핵심적인 내용은 다 음과 같다.

시급 중점 공업기업의 발전을 촉진해야 한다. 충칭시 정부가 인정한 모든 중점 내자 공업기업 및 외자 공업기업들에 대해서는, 국가가 제한하거나 금지하는 투자분야가 아니라면, 2003년부터 2010년까 지 15%의 인하된 세율에 따라 기업소득세를 징수한다. 상술한 정책 의 집행 과정에서 장려산업으로 명확히 구분할 수 없는 경우, 내자 공업기업은 충칭시 경제위원회가 심사하고 외자 공업기업은 충칭시 대외경제무역위원회가 심사하여 장려산업으로 판정하면, 상술한 규 정에 따라 집행할 수 있다.

충칭은 중앙정부의 서부대개발 세금우대정책을 십분 활용하여, 낮은 세율로 민영기업과 외자기업의 투자를 이끌어냈다. 근래에 충칭시는 국무원에 요청하여, 15%의 기업소득세 우대정책을 2020년까지 연장하는 것에 대해 승인을 받았다.

충칭시 정부가 자신감을 가지고 대담하게 낮은 세율을 유지하여 민영기업과 외자기업을 끌어들이게 된 데는, 충칭 국유자산 가치의 대폭 증대가 큰 기여를 했다. 즉 국유자산이 '제3재정'의 역할을 발휘하여, '8대 투자기관'八大投*을 비롯한 국유기업이 대학성과 대극원 건설에 직접 나서는 등, 본래 '제1재정'에 속하는 사업을 직접 담당하게 된 것이다. 이러한 정책은 1977년에 노벨경제학상을 받은 영국의 경제학자 제임스 미드의 '자유사회주의' 이론과 공교롭게도 매우 흡사하다.

미드는 공유자산의 시장운용 수익을 통해서 세수와 국채에 대한 정부의 과도한 의존을 줄이고, 경제의 전반적인 효율을 높일 수 있다고 여겼다. 국가는 국유자산의 시장운용 수익을 활용할 수 없으면 별 수 없이 세수에만 의존하게 된다. 그러면 세율을 지나치게 올릴 수밖에 없고, 결국 개인과 기업 혁신에 대한 적극성은 줄어들게 된

---

* 충칭의 '충칭시투자공사'重慶城投公司, '고속도로건설공사'高發公司, '고등급도로건설투자공사'高投公司(중국의 도로는 기능과 통행량 등에 따라 고속도로, 1급도로, 2급도로, 3급도로, 4급도로 등 다섯 등급으로 구분되는데, 그 가운데 2급도로 이상을 고등급도로라고 부른다.), '부동산그룹'地産集團, '건설투자공사'建投公司, '교통개발투자공사'開投公司, '수자원지주회사'水務控股, '수자원투자공사'水投公司 등 8개 기관을 가리킨다. 충칭시 소유로, 기초시설 확립과 도시 건설 등 공공영역의 중요 사업에 투자 및 융자를 시행한다.

다. 이렇게 되면 국가는 불가피하게 국채 발행에 의존하게 되는데, 국채 발행이 늘어나면 금리가 올라가게 되고, 이는 생산석인 투자에 불리한 여건으로 작용한다. 홍콩의 사례를 통해서 공유자산 수익과 세수의 관계에 관한 미드의 이론을 직관적으로 설명할 수 있다. 홍콩은 몇 년 동안 연속으로 국제평가기관에 의해 세계에서 '가장 자유로운 경제체'로 선정되었다. 홍콩의 매우 낮은 세율은 사람들의 창업 의욕과 업무 적극성을 자극한다. 그런데 사람들은 홍콩이 낮은 세율을 유지하면서 동시에 주민들에게 기본적인 의료를 무료로 제공할 수 있는 것이, 홍콩정부가 토지라는 공유자산을 가지고 있고 그 토지사용권의 시장전매 수익을 자기 소유로 확보하기 때문이라는 사실을 종종 잊어버린다. 국유자산과 세수와 국채를 종합적으로 연계하여 고려하고, 국유자산의 시장운용 수익을 바탕으로 세율을 낮추고 국채를 줄이는 것은 (우리가 말하는 '사회주의 시장경제'와 매우 유사한) '자유사회주의'에 대한 미드의 중요한 이론적 공헌이다. '자유사회주의'는 '사회민주주의'와는 다르다. 그것은 높은 세율을 통해 부의 재분배를 추구하지 않고, '낮은 세율'과 '공유자산의 시장운용 수익'을 통해 효율과 공평성을 동시에 실현하고자 한다.

미드는 일찍이 국유자산이 세율을 낮추는 데 효과적인 역할을 할 수 있음을 다음과 같이 분명히 지적한 바 있다.

재산의 사적 소유제에서 예산에 잉여를 확보하려면 세율을 올려야만 한다. 그런데 이는 경제에 좋지 않은 영향을 미치게 된다. 재산의 사회적 소유제에서 〔……〕 정부는 비교적 낮은 세율 수준에서도 예산의 잉여에 의지하여 일정 수준의 공공저축에 도달할 수 있다. 이로 볼 때, 재산의 국가소유제가 효율에 미치는 좋지 않은 영향은, 재산을 고르게 분배하는 사적 소유제에 비해 훨씬 적다고 할 수 있다.[13]

그러나 미드가 국유자산의 무한확대를 주장한 것은 결코 아니다. 그는 여러 소유제가 공존하는 가운데 가장 적합한 결합점을 찾고자 했다. 한편으로 그는 이렇게 주장한다.

재산소유권의 사회화로 정부는 재산운용 순수입을 더욱 많이 얻을 수 있게 된다. 그 결과로 기타 형식의 정부 지출은 줄이지 않으면서도, 세율을 낮추거나 가난한 이들에게 더욱 많은 사회보장을 지급하는 것이 가능해진다. 물론 정부의 국채이자 지출이 줄어들거나 본래 재산에서 얻던 이윤이 국가로 귀속됨에 따라, 사적 부문의 총수입이 줄어들 수는 있다. 그러나 금리가 낮아지거나 사회보장 지출이 증가하게 됨으로써, 사적 부문의 순수입은 사실상 변화가 없게 된다.[14]

그런데 다른 한편으로는 이렇게 주장하기도 한다.

---

13 米德, 『效率,公平與産權』, 北京經濟學院出版社, 1992, 54쪽.
14 米德, 위의 책, 57쪽.

사유재산의 수량이 증가함에 따라 첫째, 세수의 왜곡은 심화되고, 둘째, 재산권을 통해 얻는 안정감과 독립감은 증대된다. 그런데 사유재산이 더욱 늘어나게 되면 '첫째'로 인해 초래되는 초과손실은 갈수록 심각해지는 반면, '둘째'로 인해 얻는 장점은 갈수록 중요치 않게 된다. 일정 수준에서, 여러 소유제가 공존할 수 있는 가장 바람직한 지점에 도달할 수 있다. 비록 독자들에게 그것이 도대체 어디인지를 설명할 수는 없을지도 모르지만, [……] 우리는 재산의 사회화 조치와 사적 재산을 더욱 평등하게 분배하는 조치의 적절한 조합이 필요하다.[15]

여러 소유제가 공존할 수 있는 가장 바람직한 지점에 관한 미드의 '자유사회주의' 이론은, '국영부문이 발전하면서 민영부문도 함께 발전'하는 충칭의 메커니즘을 가장 잘 설명해준다. 그러나 충칭의 국유자산 발전은 미드의 이론에 따라 진행된 것이 아니라, 끊임없는 시행착오 끝에 이루어진 것이다. '자기 자산을 빼돌리는 등의 행위'自身掏空로 인해 엉망이 된 사영기업을 불가피하게 떠맡아서 되살리는 것, 즉 예컨대 시난西南증권 같은 기업을 재건하는 것은 충칭 국영기업의 주요한 발전 메커니즘 가운데 하나이다. 시난증권은 서부지역의 가장 큰 증권회사로, 원래 민영기업이었으나 내부 인사들의 자산

---

15 米德, 앞의 책, 58쪽. 번역문을 약간 수정했다. 원문은 James Meade, *Liberty, Equality and Efficiency*, New York University, 1993, 64쪽 참조.

횡령으로 도산 위기에 직면해 있었다. 당시 증권감독관리위원회證券
監督管理委員會는 시난증권에 영업정지 처분을 내린 상황이었다. 충칭
시 정부는, 충칭에 기반을 둔 증권회사가 어렵사리 주식시장에 상장
을 이루었는데 만약 자본시장에서 퇴출된다면 충칭의 장기적 발전
에 불리하리라고 판단했다. 그래서 적극적으로 시난증권을 인수해
서 자본을 투입하여 되살리고, 결국 다시 상장을 시켰다. 시난증권
의 주식시장 상장은 2009년 상반기에 중국 자본시장에서 벌어진 일
대 사건이었다. 재건에 참여한 국유자본이나 민간자본 모두 자산 가
치의 증대를 이루었다. 대부분의 사람들은 '국진민퇴' 현상이 벌어진
다고 주장할 때, 국유자본의 개입이 민영기업의 '자산 빼돌리기 행
위' 때문에 불가피하게 벌어졌음을 생각하지 못한다. 그런데 민영기
업의 기업주들이 일정한 조건 하에서 고의로 자신의 기업을 도산시
키는 이유는 도대체 무엇인가?

　여기 귀담아들을 만한 이론이 있다. 2001년 노벨경제학상 수상
자 조지 애커로프George Akerlof와 신성장이론의 창시자인 폴 로머
Paul Romer가 제시한 '소유자 약탈'Looting의 일반적 모형, 즉 일정한
조건이 충족되면 소유자들이 자기 기업의 총자산을 약탈하는 경향
에 관한 이론이다. 사실 그 원인은 무척 단순하다. 기업자산 회계의
항등식은 '총자산＝소유자 권익＋부채＝순자산＋부채'로, 기업의 총
자산 가운데 일부분만이 소유자의 권익이고 나머지는 대출과 채권
등을 포괄하는 부채이다. 그런데 현대 기업제도의 기본적 특징은 주
주의 유한책임제로, 투자자는 자신의 출자액만큼만 유한책임을 진

다. 즉 대주주가 60%의 주식지분을 가지고 있는 경우, 회사가 손해를 입더라도 손실의 60%만 책임지면 되는 것이다. 따라서 대주주가 자신이 애초에 출자한 순자산보다 더 큰 금액을 자신이 소유한 다른 회사로 빼돌릴 수만 있다면, 자신의 기업을 도산시킬 동기가 충분히 생긴다. 사실 이는 현실에서 매우 빈번하게 일어나는 일이다. 예를 들어, 구추쥔顧雛軍은 광둥의 커룽科龍냉장고를 인수하여 대주주가 되었는데, '냉매'冷媒 관련 거래를 통해 커룽의 자산을 자기 아버지 명의로 되어 있는 톈진天津의 그린쿨格林柯爾 공장으로 빼돌리고, 자신이 대주주로 있는 커룽을 도산시켜버렸다. 그가 입은 손실은 자신이 소유한 60% 지분이었다. 그러나 빼돌린 자산은 그가 입은 손실보다 훨씬 더 컸다. 그런 행위를 할 충분한 동기가 있었던 것이다. 물론 모든 기업의 소유주들이 이런 행위를 하는 것은 결코 아니다. 다만 일정한 조건이 충족된다면 그럴 가능성은 항상 존재한다. 충칭의 국유자산위원회는 이런 상황에서 파산한 민영기업을 불가피하게 인수한 것이다. 2008년에 미국이 시장을 구제한 것도, 민영기업의 도산으로 엉망이 된 시장에 국가가 불가피하게 개입한 것이라고 할 수 있다.

이런 상황에서 미국 연방준비제도이사회FRB의 전 의장인 앨런 그린스펀Alan Greenspan이 '악성 부실자산' 평가의 어려움을 미국경제가 위기에서 신속히 회복하지 못하는 주요 원인으로 꼽은 것은 특별한 의미가 있다. 주주들은 '악성 부실자산'의 현재 시장가격이 지나치게 낮다고 여겨서 팔지 않으려 한다. 그러나 정부는 시장가격보다 높은 수준으로는 은행의 부실채권을 인수하려 하지 않는다. 그린스펀은 은행 자체를 국유화하거나 부분적으로 국유화한다면 '악성 부실자산'의 평가라는 어려운 문제를 우회할 수 있다고 여겼다. 즉 왼쪽 주머니의 돈을 빼서 오른쪽 주머니로 옮기는 경우가 되니, 처음의 가격 평가가 그리 중요한 문제가 되지 않는다는 것이다. 국유화를 지지하는 그린스펀의 이런 이유는 매우 흥미로운 것으로, 중국 국영은행이 중앙의 경제부양계획Economic stimulus plan(충격요법) 속에서 수행하는 역할에 대한 우리의 이해를 심화하는 데 도움을 준다. 2004년에 충칭 위푸공사渝富公司*가 중국공상은행中國工商銀行이 가지고 있던 충칭 소재 1천여 개 국유기업의 부실채권을 인수한 경우를 놓고 보면, 그린스펀은 아마도 이를 위푸공사가 성공한 원인이라고 해석할 것이다. 당시 위푸공사는 액면가의 20%의 가격으로 중국공상은행으로부터 부실채권을 인수했는데, 시간이 지나고 상황이 변한 지금 시점에서 중국공상은행이 당시에 액면가의 40%의 가격을 요구했더라면 더 좋았을 것이라고 생각할 수도 있다. 그러나 양자는 모두 국영기관이고, 당시 부실채권의 애초 평가가격은 그리 중요한 것이 아니었다. 관건은 가급적 빨리 부실채권을 털어내고 새로운 출발을 하는 것이었기 때문이다.

• 전체 명칭은 '충칭 위푸자산경영관리유한공사'重庆渝富资产经营管理有限公司. 2004년에 충칭시 정부가 만든 독자적인 국유자산 관리 기관. 충칭시 국유자산감독관리위원회가 직접 관할하며, 국유기업의 부실자산 처리 및 인수, 토지 임시보유 및 관리, 관련 산업 투자 및 투자자문, 기업 재건 등의 역할을 한다.

'행동이 곧 전부'라는 니체의 시각으로 보면, 애초에 충칭 국유자산감독관리위원회國有資産監督管理委員會가 시난증권에 자금을 투입한 의도는 물론 '위기 구제'였지만, 몇 년이 흐른 지금 국유자산감독관리위원회는 시난증권 재건의 의도를, 사실은 여러 소유제가 공존할 수 있는 가장 바람직한 지점에 관한 미드의 '자유사회주의'를 시도하기 위함이었다고 생각할지도 모른다.

르네상스, 종교개혁, 그람시의 헤게모니 이론

충칭시위원회 서기인 보시라이薄熙來가 지난 몇 년 동안 충칭 당의 건설을 위해 수행한 역할은 충칭실험의 핵심적인 부분이다. 이탈리아 공산당 지도자였던 안토니오 그람시가 제기한, '지배'domination와는 다른 '헤게모니'hegemony 이론으로 그것을 설명할 수 있다.

베니토 무솔리니Benito Mussolini의 감옥에서 오랜 세월을 보낸 그람시는 유명한 『옥중수고』를 집필했다. 이 저서에서 그람시는 엥겔스의 말을 빌려서 이렇게 서술한다. "공산당은 현재 유일하게 원시 기독교 시기의 교회에 비견될 만큼 엄숙한 기구이다."[16] 그는 이탈리아 지식계에서 자신의 라이벌이던 베네데토 크로체Benedetto Croce의

---

16 葛蘭西(李鵬程 篇), 『葛蘭西文選』, 人民文學出版社, 1992, 167쪽. 〔안토니오 그람시 지음, 이상훈 옮김, 『그람시의 옥중수고』1, 2, 거름, 1999.〕

다음과 같은 말에 동의했다. "르네상스는 엘리트그룹 내의 귀족운동일 뿐이다. 종교개혁이야말로 보통의 인민 속으로 파고들어갔다."[17] 그러나 그람시는 "실천철학과 그것에 따른 광범위한 대중운동이 과거나 현재 모두 종교개혁과 유사한 역사적 과정을 제대로 대표해온 반면, 자유주의는 그와 반대로 협소한 지식인 집단에 국한된 르네상스를 재연할 뿐"이라는 것을 이해하지 못한다는 이유로 크로체를 비판했다.[18] 그람시는 이탈리아 공산당이 '제2차 종교개혁'을 진행하여 민심을 얻어야 한다고 주장했다. 어떤 점에서 보면 이는 보시라이가 충칭에서 간부들의 '민생 대탐방'大下訪을 통해 농민 대중과의 '삼진삼동'三進三同*으로 이루고자 했던 바로 그런 것이라고 할 수 있다.

2010년 6월, 충칭시위원회 제3기 7차 전체회의는 '당면 민생사업의 성공적 수행에 관한 중국공산당 충칭시위원회의 결정'中共重慶市委關于做好當前民生工作的決定을 심의하여 통과시켰다. 그 가운데 제10조는 다음과 같이 규정하고 있다.

'삼진삼동', '빈농 자매결연'結窮親, '민생 대탐방'을 견실하게 시행하고, '삼항제도'三項制度를 심화시켜서, 대중의 목소리를 직접 듣고 그

---

17 Benedetto Fontana, *Hegemony and Power: On the Relation between Gramsci and Machiavelli*, University of Minnesota Press, 1993, 40쪽.

18 葛蘭西, 앞의 책, 594쪽.

• 2008년에 충칭시위원회와 시정부가 시작한 간부 및 공무원 민생 탐방 운동의 주요 구호. '삼진'은 '기층으로 들어가고進基層 촌락으로 들어가며進村子 농가로 들어가는進農戶 것'을 말하고, '삼동'은 '대중과 함께 먹고同吃 함께 살고同住 함께 노동하는同勞動 것'을 말한다.

들의 어려움을 해결해준다. '삼항활동'三項活動*과 '삼항제도'**를 상설화하고, 끊임없이 실천의 형식을 혁신한다. 구현區縣의 당과 정부의 간부들은 각각 매년 12회 이상 민생 탐방을 실천해야 하고, 해당 지역 대중들의 관심이 집중된 어려운 문제들을 제때에 적절히 해결해야 한다. 각급 부서들은 대중들이 '문서나 방문을 통해 상급기관에 직접 해결을 요청하는'信訪 문제를 충실하게 연구하여 해결해야 하고, 대중들이 호소하는 바를 들어주어야 하고, 어려운 문제를 풀어주어야 하고, 이익을 지켜주어야 하며, 대중들이 요청했지만 미제로 남아 있는 사안을 기본적으로 2년을 넘기지 말고 해소해야 한다. 중대한 사안 결정에 따른 리스크 평가 제도를 만들어서, 새로운 모순의 발생도 줄여야 한다. 각급 기관의 간부들은 매년 최소 7일, 그리고 새로 선발된 공무원이나 신임 간부들은 최소 30일 동안 '삼진삼동'을 실천해야 한다. 모든 기관이 '빈농 자매결연'을 전면적으로 실현하고 간부 전체가 참여하여, 농촌의 50만 빈곤가구 모두와 결연을 맺고, 결연을 맺은 간부는 매년 2회 이상 '빈곤농민' 가구 속으로 들어가야 한다. 촌村과 말단공동체의 당 조직은 '삼항제도'를 실시하는 것을 자신의 굳건한 본분이자 비장의 역량으로 삼아, 신속하고 엄격하게 조사하고 확인하며, 전천후로 민원을 응대하고, 전면적으

● '삼진삼동', '빈농 자매결연', '민생 대탐방'을 가리킨다.
●● 충칭이 대민 소통과 봉사를 위해 시행 중인 세 가지 제도. 첫째, 기층 당 조직의 서기가 매주 1회 대중의 방문을 직접 응대하는 제도, 둘째, 기층 당 조직의 구성원들이 매년 두 번 대중들의 집으로 직접 찾아가는 제도, 셋째, 대중들의 요구를 시한을 정해서 처리하고 피드백하는 제도를 가리킨다.

로 현장을 방문하며, 전반적으로 피드백을 시행해야 한다.

2010년 9월 30일까지 시 전체 10,369개 기관의 간부 17만 1천
명과 직원 15만 2천 명이 '빈농 자매결연' 활동에 참가했고, 53만 4천
호의 빈곤가구와 결연을 맺었다. 그리하여 '빈농 자매결연'에 참여하
는 기관 간부는 시 전체 기관 간부 총수의 99.29%에 이르게 되었다.
그 가운데 시급 기관의 청국廳局급 간부는 972명으로 98.88%에 이
르고, 시급 기관의 처處급 간부는 4,806명으로 98.48%에 이른다. 그
리고 구현區縣급 간부는 1,648명으로 100%이고, 구현區縣 부문과 향
진鄕鎭급 간부는 28,569명으로 99.98%이다. 보통 간부는 135,465명
으로 99.17%이다. 또한 구호물자 지급이 4억 3천만 위안, 빈곤탈
출 프로그램 지원이 14만 4천 건, 구체적인 어려움 해결이 35만 8천
건, 취학 지원이 4만 8천 명, 취업 지원이 16만 4천 명이다. 2사분기
와 비교하면 결연을 맺은 가구 수는 52,839개가 순수하게 늘어나서,
10.98%의 증가를 보였다.

충칭시위원회 부서기 장쉬엔張軒은 이렇게 솔직히 말한다.

과거에 공산당의 집권 기반으로 중시된 것은 노동자와 농민이었다.
이렇게 질문해보자. 우리 노동자들이 실제로 이익을 얻었는가? 우
리 농민들이 실제로 이익을 얻었는가? 개혁 중에 그들이 진정 수혜
자였는가? 만약 노동자와 농민이 우리를 지지하지 않는다면 과연
누가 우리의 집권 기반이 될 것인가? 노동자나 농민이 '단계를 뛰어

넘어 상급기관에 청원하는 것'上訪은 제쳐놓더라도, 심지어 은퇴한 구현 위원회 서기나 피를 흘려가며 국가를 보위하기 위해 싸운 노전사들까지 단계를 뛰어넘는 청원의 대열에 합류하고 있으니, 우리는 도대체 누구를 의지해야 하는가? 개체호個體戶*나 민영경제는 자신들에게 해준 것이 충분치 않다고 생각하니, 우리는 도대체 누구를 의지해야 하는가? 예를 들면 보시라이 서기는 이렇게 말했다. "단계를 뛰어넘어 청원하는 대중들에게 정당한 이유가 없다고 해도, 그들이 매우 큰 어려움을 겪고 있다면 그것만으로도 충분한 이유가 된다. 따라서 우리는 반드시 관심을 가지고 '도움의 손길을 뻗어야' 한다." 내가 보기에 이것은 바로 이념의 문제이다.[19]

충칭시 간부의 '민생 대탐방'이나 '빈농 자매결연' 활동은 프랑스 철학자 알랭 바디우Alain Badiou가 말한 '사도 바울의 대중노선'을 떠올리게 한다. 바디우는 사도 바울의 "나는 모든 사람에게서 자유로운 몸이지만 스스로 모든 사람의 노예가 되었다. 유태인 앞에서는 유태인처럼 되었고, 율법 아래 있는 사람 앞에서는 율법 아래 있는 사람처럼 되었다"라는 말을 인용하면서, 이렇게 주장한다. "이는 사도 바울의 기회주의를 보여주는 텍스트가 아니라, 중국공산당이 말

● 중국 도시지역에서 소규모 상공업에 종사하는 개인 또는 가족 단위의 자영업자.

19 자오이닝趙憶寧, 「충칭시위원회 부서기 장쉬엔과의 대담: 아래로, 더 아래로, 20만 간부의 '민생 대탐방'」專訪重慶市委副書記張軒: 沈下去, 再沈下去, 二十萬幹部'大走訪', 『21세기경제보도』 2010년 4월 19일자.

하는 '대중노선', 즉 '인민을 위해 복무한다'爲人民服務는 노선이 극치로 발휘된 것이라고 할 수 있다."[20]

현재 서구의 매체와 중국 내의 일부 매체는 충칭의 '창훙다헤이' 唱紅打黑(사회주의 이념으로 범죄 타도) 운동을 집중적으로 보도하고 있다. 그런데 '창훙'唱紅● 운동이 당의 대중적 기반을 재건하고 그람시적 의미의 '헤게모니'를 회복하는 데서 갖는 의의는, 충칭의 '도농연계 총괄실험'統籌城鄉實驗과 '10대 민생공정'十大民生工程과 '3대 격차三大差距[21] 축소' 정책의 배경 위에서라야 비로소 이해가 가능하다. 그러지 않는다면 '창훙' 운동은 단순한 설교에 그치고 만다.[22] 만약 앞에서 인용한 엥겔스와 그람시의 "공산당은 현재 유일하게 원시 기독교

---

20 Alain Badiou, *Saint Paul*, Stanford University Press, 2003, 99쪽. 〔알랭 바디우 지음, 현성환 옮김, 『사도 바울』, 새물결, 2008.〕 사도 바울의 발언 전문(고린도전서 9장 19~22행)은 다음과 같다. "나는 어느 누구에게도 얽매이지 않은 자유로운 몸이지만, 많은 사람을 얻으려고 스스로 모든 사람의 종이 되었습니다. 유태인 앞에서는, 유태인을 얻으려고 유태인같이 되었습니다. 율법 아래 있는 사람들 앞에서는, 내가 율법 아래 있지 않으면서도 율법 아래에 있는 사람을 얻으려고 율법 아래 있는 사람같이 되었습니다. 율법이 없이 사는 사람들 앞에서는, 내가 하나님의 율법이 없이 사는 사람이 아니라 그리스도의 율법 안에서 사는 사람이지만, 율법 없이 사는 사람들을 얻으려고 율법 없이 사는 사람같이 되었습니다. 믿음이 약한 사람들 앞에서는, 믿음이 약한 사람들을 얻으려고 믿음이 약한 사람같이 되었습니다. 나는 모든 종류의 사람에게 모든 것이 다 되었습니다. 그것은 어떻게 해서든지 그들 가운데 몇 사람이라도 구원하려는 것입니다." 『新約』, 馮象 譯註, 牛津大學出版社(中國)有限公司, 2010 참조. 번역문을 제공해준 평양 교수에게 감사드린다.
● '창훙'唱紅은 문자 그대로 해석하면 당과 조국과 혁명전통을 찬양하는 이른바 '홍색가요' 부르기를 의미하지만, 결국 급속한 개혁개방의 와중에 퇴색된 사회주의 이념을 다시 고취하기 위한 제반 행위들을 포괄하는 것으로 이해할 수 있다.
21 도농주민수입격차城鄉居民收入差距, 지역격차地區差距, 도시빈부격차城鎮貧富財産差距를 가리킨다.
22 '다헤이'打黑에 관해서는 추이즈위안崔之元, 「리좡 사건으로 촉발된 세 가지 심층적 문제」由李莊案引發的三個深層問題, 『톈야』天涯 2011년 제4기 참조.

시기의 교회에 비견될 만큼 엄숙한 기구이다"라는 말을 인정한다면,
영국의 기독교학자인 체스터턴G. K. Chesterton의 다음과 같은 말로 이
글을 마무리해도 크게 문제가 되지는 않을 것이다.

예수 그리스도는 상징적인 순간에 자신의 위대한 사회를 세우면서,
지혜가 뛰어난 바울이나 신비로운 요한을 이 사회의 기반으로 선택
하지 않고, 평범하기 그지없고 심지어 소심하기까지 한 베드로를 선
택했다. 〔……〕 모든 제국과 왕국은 실패했다. 강한 자가 세웠고 강
한 자에게 의존했기 때문이다. 오직 역사 속의 기독교 교회만이 약
자의 기초 위에 세워졌고, 따라서 끝내 무너지지 않았다. 쇠사슬의
강도는 결국 가장 약한 고리에 달려 있기 때문이다.[23]

* 『개방시대』開放時代 2011년 제9기에 수록.

---

23   G. K. Chesterton, *Heretics*, Ayer, 1970, 67쪽.

'사회주의 시장경제'의
경제학적 함의에 대한 재인식

사회주의 시장경제는 구호에 불과한가

2008년은 개혁개방 30주년이 되는 해이다. 개혁 30주년을 맞이하여 우리가 덩샤오핑의 고향에서 '중국경제학연례회의'中國經濟學年會[*]를 개최하게 된 것은 매우 상징적인 의미가 있다. 30년 동안의 개혁 과정에서 우리가 이데올로기적인 측면으로 이루어낸 중요한 혁신이 이른바 '사회주의 시장경제' 이론을 제기한 것이다. 2008년은

---

[*] 2001년에 창설하여 매년 1회씩 개최. 베이징대학北京大學 중국경제연구센터中國經濟研究中心, 푸단대학復旦大學 경제학원經濟學院, 난카이대학南開大學 경제학원, 샤먼대학廈門大學 경제학원, 시베이대학西北大學 경제관리학원經濟管理學院, 중국런민대학 경제학원, 우한대학武漢大學 경제·관리학원經濟與管理學院, 홍콩대학香港大學 경제·금융학원經濟與金融學院, 칭화대학 경제관리학원, 상하이재경대학上海財經大學 경제학원, 난징대학南京大學 상학원商學院 등이 이사로 참여하고 있다. 1차 회의는 2001년 10월에 베이징대학에서 열렸고, 2012년에 산둥山東성 지난濟南의 산둥대학山東大學에서 12차 회의가 열렸다.

금융위기가 전 세계를 뒤흔든 해이기도 하다. 우리는 이 금융위기의 와중에 미국이 시장을 구제하기 위해 애쓰는 것도 보았고, 영국이 '부분적 국유화'라는 방식으로 시장을 구제하겠다고 선포하는 것도 목도했다. 영국과 미국이 이처럼 시장구제 방안을 내놓자, 경제학계에서는 영국과 미국의 '사회주의화'에 관한 토론과 비판이 쏟아져나왔다. 그런데 사람들은 영국과 미국의 시장구제 방안에 대해 논쟁을 펼치면서도, 중국의 '사회주의 시장경제' 이론에 대해서는 기본적으로 무시하는 태도를 보였다. 중국에서나 서구에서나 모두, 대부분의 사람들이 '사회주의 시장경제'를 단순히 정치적 구호에 불과한 것으로 간주하고 있다. 공산당이 집권하고 있으니까 불가피하게 '시장경제' 앞에 '사회주의'라는 수식어를 덧붙였다고 생각하는 것이다. 중국에서든 서구에서든 여론의 다수는 '사회주의 시장경제'에 정작 경제학적인 내용이 없다고 여긴다. 그러므로 우리는 30년 동안의 개혁과정에서 이루어낸 '사회주의 시장경제'에 관한 실천을 진지하게 결산함으로써, 사회주의 시장경제에 내포된 경제학적 함의 및 사회주의 시장경제의 제도적 혁신이 사회의 발전 방식에 시사해준 바를 인식해야만 한다.

'사회주의 시장경제'에는 경제학적 함의가 과연 있는가? 이 문제에 제대로 답하기 위해서는 두 가지 회고록을 읽어볼 필요가 있다. 첫 번째 회고록은 1990년대 초에 국가경제체제개혁위원회國家經濟體制改革委員會* 주임 및 국가계획위원회國家計劃委員會** 주임을 역임한 천진화陳錦華 선생의 『국사억술』國事憶述로, 최근에 영문판이 출간된 바 있다. 천진화의 회고에 따르면, 마거릿 대처Margaret Thatcher 전 영국수상이 덩샤오핑과 장쩌민江澤民을 만났을 때, 시장경제는 자본주의에만 있는 것이니 '사회주의 시장경제'라는 개념은 성립되지 않는다고 말했다고 한다. 그러자 장쩌민은 천진화에게 전화를 해서 '사회주의 시장경제'를 이론적으로 설명해달라고 요청했다. 이에 천진화는 국가경제체제개혁위원회 이론국理論局 회의를 철야로 소집했다. 당시 어떤 참석자가, '시장의 효율' 개념을 고안한 이탈리아 사상가 빌프레도 파레토Vilfredo Pareto가 세 권으로 된『유럽 사회주의의 역사』***도 쓴 바 있으니, 이것이 어쩌면 '사회주의'와 '시장경제'라는 두 개념을 함께 엮는 것에 대한 설명이 되지 않겠냐는 의견을 제시했다. 그것이 전혀 의미 없는 일이었다면, 파레토가 왜 동시에 이 두 가지 주제를 다루었겠냐는 것이다. 이는 상당히 흥미로운 답변이었다. 그러나 '사회주의 시장경제'가 무엇이냐는 질문에 대한 명확한 대답이라고 볼 수는 없었다.

읽어볼 필요가 있는 두 번째 회고록은, 상하이시 부시장을 역임

---

* 1982년에 국무원 산하기구로 출범, 일개 부서의 범위를 넘어서서, 경제체제 개혁과 관련된 연구와 조직 간 협력 및 지도 등의 종합적 업무를 담당했다. 1997년에 국무원 조직 개혁과 더불어 폐지되었다.
** 1952년에 중앙인민정부中央人民政府 정무원政務院(지금의 국무원)으로부터 독립된 기구로 출범했다. 설립 이후, 본래 정무원 재정경제위원회財政經濟委員會의 지시를 받던 중공업부와 제1기계공업부 등 13개 부가 그 지시를 따르도록 편제되었다. 계획경제 체제에서 장기적인 차원의 종합적인 국가경제계획을 수립하는 역할을 담당하였고, 1998년에 조직개편에 따라 국가발전계획위원회國家發展計劃委員會로 전환되었다.
*** 『사회주의의 체계』Les Systèmes Socialistes를 말하는 것으로 보인다.

하고 이후 국무원 언론사무실新聞辦公室 주임을 지낸 자오치정趙啓正 선생이 쓴 『푸둥 논리』浦東邏輯다. 자오치정은 이 책에서, 푸둥이 전혀 발전하지 못한 농촌이었다가 불과 십여 년 만에 전 세계가 주목하는 동방명주東方明珠와 같은 도시가 된 과정을 상세히 기록하고 있다. 푸둥은 어떻게 이런 빠른 발전을 할 수 있었을까? 자오치정의 관점 가운데 가장 흥미로운 부분은, 푸둥의 개방이 일반적인 차원에서처럼 공공시설에 대한 재정투자에 의존하지 않고, 시장을 통해 공공소유의 토지자산을 운용함으로써 얻은 수익에 근거하여 이루어졌다는 것이다. 그는 이를 '공회전 시동, 눈덩이 굴리기식 개발'空转启动, 滚动开发이라는 말로 요약했다. 이는 다음과 같은 내용을 의미한다. 토지공유제를 바탕으로 한 푸둥의 개발은 주로 재정 투자에 의존하지 않고, 토지사용권을 임대함으로써 얻을 수익을 미리 예측하여, 그만큼을 푸둥 신구新區의 4개 개발공사의 국유주 지분으로 삼는 것에서 출발했다. 이렇게 '가공'의 (미리 예측된) 국유주 지분이 생기면, 개발공사는 이를 바탕으로 은행에서 대출을 받을 수 있고 외자外資도 도입할 수 있는데, 이런 식으로 개발의 첫 번째 사이클이 시작되는 것을 '공회전 시동'이라고 한다. 그런데 일단 개발이 되고 나면 토지 가격이 상승하게 되고, 그에 따라 국유주도 이익을 분배받게 된다. 눈덩이 굴리기식 개발은, (토지자원을) 한 번 굴릴 때마다 한 사이클의 개발이 이루어지는 것으로서, 토지의 가치 상승으로 인한 수익 대부분을 국유주 지분에 대한 이익 분배의 형식으로 사회화하여, 더욱 진전된 개발을 하는 것을 의미한다. 푸둥 신구가 바로 이런 방식으로 건설되었다. 따라서 푸둥의 개발 모델을 요약해서 '공회전 시동, 눈덩이 굴리기식 개발'이라고 한다. 이 사례는 '사회주의 시장경제'가 무엇인지를 매우 생동감 있게 설명해준다. 즉 공공소유의 자원을 시장에서 운용하여 수익을 내는 경제를 의미한다는 것이다.

국유자산 가치 증대와 민간 재부 확대의 동시 추구

현재 충칭시 부시장으로 재직 중인 황치판은 본래 상하이시 경제위원회 주임이었다. 그는 '푸둥의 경험'을 충칭으로 가져와서 새로운 발전을 이루었다.

나는 '충칭의 경험'을 '국유자산 가치 증대國資增値와 민간 재부 확대藏富于民의 동시 추구'로 요약할 수 있다고 본다. 2008년 6월 말 현재, 충칭시에서 수익 창출을 위해 운용 가능한 국유자산은 7천억 위안을 넘었다. 2002년의 1천 700억 위안에 비해 4배나 증가한 액수이다. 이는 국영 축소와 민영 확대를 의미하는 '국퇴민진'國退民進이라는 전반적인 추세 속에서 매우 이례적인 일이다. 그런데 더욱 놀라운 일은, 이런 '국유자산 가치 증대'가 '민간 부문과의 이익 다툼'與民爭利을 통해 이루어진 것이 아니라 오히려 '민간 재부 확대'를 촉진했다는 것이다. 예를 들면, 전국의 대다수 도시에서 주택취득세를 3~5%로 할 때, 충칭에서는 줄곧 1.5%를 유지했다. 또 다른 예로, 중앙정부가 서부지역의 12개 성과 시에 서부대개발에 따른 특혜의 일환으로 기업소득세를 15%만 징수하도록 허용했는데, 지금 시점에서 오직 충칭만이 여전히 15%의 세율을 유지하고 있다. 나머지 성과 시들은 지방재정이 어렵다는 이유로 이런 특혜를 일찌감치 폐기하고, 33%의 기업소득세를 징수한다. 충칭의 민간기업들이 비교적 적은 소득세를 납부하는 것도 '민간 재부 확대'의 또 다른 표현이라고 할 수 있다. 현재 국제적인 금융위기에 대처하는 과정에서, 충칭은 '민간 재부 확대'를 위한 또 하나의 중대한 조치를 선보였다. 주민이 최초로 주택을 구입할 때, 그 금액에 해당하는 만큼을 지방개인소득세에서 공제해주는 것이다.

'국유자산 가치 증대'와 '민간 재부 확대'를 동시에 추구할 수 있었던 비결은 무엇인가? 충칭시 부시장인 황치판은 기자들과 여러 차례 인터뷰를 통해, 그 관건이 사회자본에 대한 국유자본의 영향력과 추동력이라고 강조했다. 그런 영향력을 통해 국유자산의 가치 증대를 이룸으로써, 그 과정에서 얻은 운용 수익을 정부에게 제공하고, 정부가 그것을 바탕으로 감세減稅를 시행하게 하여, 결과적으로 민간경제의 발전을 촉진한다는 것이다. 이와 관련하여 충칭이 시행 중인 구체적인 방식은 세 가지이다. 첫째는 시 산하의 8대 국영 투자그룹에 대한 '5대 자본주입'이다. 즉 국채國債를 통한 자본주입, 비축토지 수익을 통한 자본주입, 보유자산存量資産을 통한 자본주입, 수수료 수입을 통한 자본주입, 세수 환불을 통한 자본주입으로 국유기업의 순자본금을 증가시켜, 해당 기업의 자금조성 능력을 확대하는 것이다. 둘째는 '3대 금지'三個不이다. 국유 투자그룹의 자금조성 활동에 대해 시 재정국이 보증을 서주는 것, 각 투자그룹 상호 간에 보증을 서주는 것, 각 그룹 내 수수료 수입을 전용轉用·교차혼용하는 것을 금지하는 것이다. 셋째는 각 투자그룹의 자산과 부채, 현금의 흐름, 투입과 자금 출처에서 '3대 균형'을 실현하는 것이다. 이 '5대 자본주입', '3대 금지', '3대 균형'을 '충칭의 경험'의 '3대 법보法寶'라고 할 수 있다.

'5대 자본주입'은 '충칭의 경험'의 '첫 번째 법보'이므로 깊이 있게 이해할 필요가 있다. 충칭은 면적이 매우 넓고 산길이 많으며 교통이 불편하기 때문에, 이에 대응하여 '8시간 충칭'八小時重慶 프로젝트를 가동했다. 도로를 대대적으로 정비하여, 충칭의 어떤 현이나 구든 여덟 시간 이내에 도달할 수 있도록 만드는 것이다. '8시간 충칭'의 건설에는 상하이 푸둥 개발의 경험이 활용되었다. 황치판 부시장은 충칭에 여덟 개의 국영 투자공사를 만들 때, 중앙정부가 충칭에 배분한 국채를 집중적으로 투입하여 해당 투자공사의 국유주 지분으로 만들었고, 이를 통해 국가보유 순자산을 크게 확대했다. 그럼으로써 상업은행으로부터 융자를 얻고 민간자본을 흡수할 수 있는 토대를 마련한 것이다. 다음으로 그는 도로와 교량 통행료 및 역사적으로 조성된 일부 보유자산을 이 8대 국영 투자공사에 투입하여 그 자본금으로 만들었다. 더욱 흥미로운 점은, 비축토지의 수익을 이 8대 국영 투자공사 가운데 하나에 투입한 것이 공유자산 이용을 활성화했을 뿐 아니라, 한 걸음 더 나아가 민간자본까지도 추동했다는 것이다. 도로 건설의 경우를 예로 들면, 우선 민간자본이나 외자를 유치하여 '건설 후 양도'BT, Build and Transfer 방식으로 진행을 할 때도, 충칭의 국영 투자공사는 빠른 시간 안에 그것을 '되사는' 것이 가능했다. 도로가 일단 건설되면 토지 수익이 올라가게 되므로, 충칭의 국영 투자공사는 공유토지의 가치 증대를 통해 자본금을 주입할 수 있었기 때문이다. 2004년에 창장長江을 가로질러 건설된 차오톈먼朝天門대교가 바로 이런 경우이다. '건설 후 양도' 방식으로 우선 진행하고, 3년 뒤에 충칭시투자공사重慶城投公司가 이를 되샀는데, 차오톈먼대교 주변 7천여 무畝의 토지가 이미 충칭시투자공사의 비축토지가 된 상태였기 때문이다. 동시에 황치판 부시장은 이런 공공적 성격의 국영 투자공사로부터 거둔 세금을 다시 해당 기관에 환급하여, 국가보유 순자산을 더욱 확대했다.

'5대 자본주입'의 본질은 국가보유 순자본을 확대함으로써 사회자본을 추동하는 것이다. 비축토지의 수익을 통한 자본주입은 '5대 자본주입' 가운데 매우 중요한 부분이지만, 중국의 기타 도시에도 이와 유사한 '토지재정'土地財政이 있다. 그러나 국채를 통한 자본주입, 보유자산을 통한 자본주입, 수수료 수입을 통한 자본주입, 세수 환불을 통한 자본주입은 국가보유 순자본을 증대시킴으로써 사회자본을 추동하는 충칭만의 독특한 방식이며, 국유자본의 이용을 진정으로 활성화하는 방안이다. 나는 '5대 자본주입'이 매우 중요한 이론적 함의를 내포하고 있다고 생각한다. 그것은 '사회주의 시장경제' 속의 국영경제가, 국가가 행정권력을 통해 임의로 간섭하는 경제가 아니라, 국가보유 순자본을 시장경제 속에서 운용하여 가치를 증대시키는 경제라는 사실을 설명해준다.

현재 서구사회가 금융위기의 와중에 두 가지 시장구제 방안을 놓고 벌이는 논란을 보면서, 우리는 '5대 자본주입'이 '사회주의 시장경제' 속에서 어떤 의미를 갖는지에 대해 더욱 적극적으로 이해할 수 있다. 미국의 재무장관인 헨리 폴슨Henry Paulson Jr.이 애초에 제시한 시장구제 방안은 7천억 달러를 투입해서 은행의 부실채권을 매입하는 것이었다. 그러나 절대다수의 민중들은 이런 부실채권 매입 방식이 서민들의 돈으로 월스트리트 은행가의 부자들을 구제해주는 것이라는 점에서 대단히 불공평하다고 여겼다. 게다가 더욱 중요한 점은, 조지 소로스George Soros가 지적했듯이, 7천억 달러를 투입하여 은행의 부실채권을 매입해봐야 별 효과가 없다는 것이었다. 소로스는 공적 자금을 출자 형태로 투입하여 부분적인 국유화를 시행해야만 공평하면서도 효과적인 시장구제 방안이 될 수 있다고 여겼다. 공평성이라는 측면에서 보면, 이후 국유지분에 수익이 발생할 경우 대중에게 돌려줄 수 있으니, 시장구제가 완전히 부자들을 돕는 게 되지 않는다는 것이다. 또한 효과의 측면에서 보면, 7천억 달러를 국유지분의 형태로 은행에 투입할 경우, 은행의 자기자본 비율을 8% 이상으로 유지하게 하는 바젤협약˙의 규정에 의거하면 실제로는 8조 4천억 달러의 안전자산을 움직일 수 있는 셈이니, 이는 본래의 7천억 달러와는 비교할 수 없을 만큼 큰 것이다. 물론 폴슨은 애초에 이런 방식을 탐탁해하지 않았다. 그러나 영국이 명확하게 부분적 국유화를 주요 내용으로 하는 시장구제 방안을 공표하자, 미국 역시 따라가지 않을 수 없었다. 이처럼 서방국가에 지금 출현하고 있는 부분적 국유화는 중국의 기업지분 소유구조와 유사한 면이 있다. 현재 아메리칸인터내셔널그룹AIG은 국유지분이 79%에 이르고, 로열뱅크오브스코틀랜드RBS도 국유지분이 57%이다. 중국에도 국유지분과 법인지분 그리고 개인지분이 있는데, 중국의 주류 의견은 국유지분을 줄여야 한다는 것이다. 그러나 이는 현재 서구에서 나타나는 국유지분의 확대 추세와는 배치된다. 폴슨은 국유지분의 확대를 잠시 동안의 부득이한 일로 여겼다. 그는 이런 시장구제 방안의 시행이 2년을 넘지 않기를 희망했다. 그러나 현재의 모든 시장구제 방안의 모형은 '대공황' 초기에 설립된 '부흥금융공사'RFC, Reconstruction Finance Corporation에서 유래한 것이다. 이 모형은 1932년 12월에 만들어졌는데, 당시에도 납세자의 돈을 투입하여 국유지분을 확보하면서 단지 2년 동안만 유지할 것이라고 말했다. 하지만 실제로 '부흥금융공사'는 1955년이 되어서야 겨우 폐지되었다. 이 23년 동안 미국에서는 수많은 은행과 기업에 대량의 국유지분이 존재했다. 즉 이런 방식으로 대공황과 제2차 세계대전을 견뎌낼 수 있었던 것이다. 이런 형태는 어떤 면에서 '사회주의 시장경제'와 매우 유사하다고 할 수 있다.

● 스위스 바젤Basel에 본부를 둔 국제결제은행BIS 산하의 바젤은행감독위원회가 은행의 부실화를 막기 위해, 국제적 협약에 의거하여 각국 금융기관에 대해 통일적으로 시행하는 규제조치. 1988년에 은행의 자기자본 비율을 8% 이상으로 유지하도록 의무화하는 이른바 '바젤1'이 발표되었고, 2004년에는 은행의 리스크를 정확히 반영하게 하고 감독 기능 및 시장규율을 강화한 '바젤2'가 발표되었다. 2013년 12월부터 규제가 더욱 강화된 '바젤3'가 시행될 예정이다.

'자유사회주의'의 실험장 충칭

이상에서 보았듯이, '사회주의 시장경제'는 단순히 정치적인 구호가 아니다. 더욱 흥미로운 점은, 중국의 '사회주의 시장경제'가 지금 서구의 모든 시장구제 방안에 어느 정도 힌트를 주었을 수도 있다는 것이다. 얼마 전에 중국투자유한책임공사中國投資有限責任公司[•]의 러우지웨이樓繼偉 이사장이 칭화대학에서 보고서를 발표한 적이 있는데, 그는 (미국 서브프라임 모기지 사태의 도화선이 된 양대 금융기관인) 페니메이FannieMae와 프레디맥FreddieMac에 대한 중국의 투자가 손해가 되지 않았다고 여겼다. 중국이 애초에 매입한 것이 페니메이와 프레디맥의 주식이 아니라 채권이었기 때문이다. 만약 당시에 매입한 것이 주식이었다면, 지금 미국의 국유지분이 투입된 상황에서 기존 주주인 중국의 지분은 희석될 수밖에 없었을 것이다. 그러나 매입한 것이 주식이 아니라 채권이었기 때문에 미국의 시장구제에도 중국이 손해를 볼 일은 없었다. 미국의 국유지분이 투입된 이후, 기존 사인私人 주주들의 지분은 희석되었다. 어찌해야 하는가? 미국에서는 이에 관한 각양각색의 방안이 제기되었고, 치열한 논쟁이 벌어졌다. 중국에서는 '유통제한 주식'大小非 문제의 해결방안을 모색했던 경우처럼, 국유지분을 줄이기 위한 많은 논쟁을 벌였는데,

---

[•] 국무원이 비준하여 설립된 대형 국영투자공사. 약칭 '중투공사'中投公司. 외화자금의 투자 및 관리를 목적으로, 2007년 9월에 베이징에서 2천억 달러의 자본금으로 실립되었다.

만약 이런 경험을 거꾸로 운용한다면 실제로 국제금융시스템을 재건하는 회의에서 미국에게 일련의 제안을 할 수노 있을 것이다. 국유지분과 법인지분과 개인지분이 공존해온 중국의 경험을 살린다면, 미국에 자문단을 파견하는 것도 가능하다. 이런 사실들은 '사회주의 시장경제'가 중요한 경제학적 함의를 내포하고 있음을 보여준다.

황치판 부시장이 요약한 '3대 법보' 가운데 첫 번째, 즉 국가보유 순자본을 증대시킴으로써 사회자본을 추동하는 것은, 1977년에 노벨경제학상을 수상한 제임스 미드를 떠올리게 한다. 미드는 케인스의 학생이었고, 현재 세계 각국에서 사용하는 GDP 환산법의 창안자 가운데 한 명이다. 영국에서 그는, 19세기에 『자유론』을 저술한 존 스튜어트 밀과 마찬가지로 자유당에 속해 있었다. 미드는 자유주의와 사회주의를 결합시키는, 밀의 '자유사회주의' 전통을 계승했다. 미드가 가지고 있던 가장 중요한 생각은 '공유자산의 시장운용 수익을 통해 세수와 국채에 대한 과도한 의존을 줄여서, 경제 전체의 효율을 높일 수 있다'는 것이었다. 국가는 국유자산의 시장운용 수익에 의존하지 못하면, 별 수 없이 세수와 국채에 의존할 수밖에 없다. 그런데 세율을 과도하게 높이면 개인과 기업의 사업과 혁신에 대한 적극성을 떨어뜨리게 되고, 그러면 국가는 부득불 국채 발행에 의존하게 된다. 그러나 국채 발행이 과도해지면 금리가 올라가게 되고, 이는 생산적인 투자에 불리한 여건으로 작용하게 된다. 우리는 홍콩의 예를 통해, 미드의 '자유사회주의' 속의 공유자산 수익과 세수의 관계를 직관적으로 설명할 수 있다. 홍콩은 국제평가기관으로부터 몇 년 동안 연속으로 세계에서 '가장 자유로운 경제체'라는 평가를 받았다. 세율이 매우 낮아서 창업과 업무에 대한 사람들의 열의를 고무한다는 이유에서였다. 그런데 사람들은 홍콩이 낮은 세율을 유지할 수 있고, 그러면서 동시에 주민들에게 기본적인 의료를 무상으로 제공할 수 있는 것이, 홍콩 정부가 대량의 공유자산, 즉 토지를 소유하고 있고 그 토지사용권의 시장 전매 수익을 정부소유로 확보하기 때문이라는 사실은 왕왕 잊어버린다. 국유자산과 세수와 국채를 종합적으로 연계하여 고려하고, 국유자산의 시장운용 수익을 바탕으로 세율을 낮추고 국채를 줄이는 것은 '자유사회주의' 또는 '사회주의 시장경제'에 대한 미드의 중요한 이론적 공헌이다. 홍콩이 이렇게 할 수 있었던 것은 또한 19세기 사회주의 운동과도 밀접한 관계가 있다. 당시 헨리 조지의 토지세 사회화와 토지국유화 이론은 세계에 매우 큰 영향을 미쳤다. 쑨중산의 삼민주의三民主義 사상도 그 중요한 부분이 헨리 조지에게서 유래한 것이다. 영국의 사회주의자들은 영국에서 토지사유제를 바꾸는 것에 대한 저항이 너무 크다고 느꼈지만, 이 방안은 식민지에서 실현의 기회를 얻게 되었다. 결국 홍콩이 '자유사회주의'의 실험장이 된 것이다.

'충칭의 경험'은 홍콩에 비해 더욱 큰 규모와 더욱 광범위한 차원으로 '자유사회주의' 실험을 진행하고 있는 중이다. 따라서 중국 인민 전체가 세심하게 관심을 기울이고 지켜볼 필요가 있다. 만약 국유자산에 대한 민주적인 관리를 강화하고 동시에 국유자산의 가치 증가분에 대해 부분적으로나마 '사회적 분배'를 시행할 수 있다면,

중국의 '사회주의 시장경제'는 더욱 이상적인 형태가 될 것이다. 현재 세계에서 사회적 분배가 가장 큰 규모로까지 발전된 경우가 미국 알래스카주이다. 알래스카주의 전 주지사 제이 해먼드는 제2차 세계대전 기간에 중국에서 미군 조종사로 근무한 적이 있고, 1979년에는 덩샤오핑과 직접 면담까지 했다. 알래스카에서 나는 석유는 전체 주민의 소유이고, 석유채굴권의 전매를 통해 얻은 수익은 모든 주민이 사회적 분배의 형태로 향유하게 된다. 이렇게 공유자산으로부터 나오는 수익이 있기 때문에 알래스카주는 주민이 납부하던 개인소득세를 폐지할 수 있었다. 알래스카의 사회적 분배는 1980년부터 지금까지 거의 30년 동안 시행되어왔고, 2000년에는 분배되는 액수가 최고치를 기록했다. 당시 알래스카 주민 1명당 연말에 분배된 액수는 거의 2천 달러에 이르렀다. 부부 한 쌍에 자녀 두 명으로 구성된 가족이라면 도합 8천 달러를 분배받게 된 셈이다. 근래 나는 줄곧 알래스카의 경험을 귀감으로 삼아서 '중국인민영구기금'中國人民永久基金을 설립하여, 공유자산 가치 증가분을 토대로 해서 사회적 분배를 시행해야 한다고 주장해왔다. '국유자산 가치 증대와 민간 재부 확대의 동시 추구'를 핵심으로 하는 '충칭의 경험'이 한 걸음 더 나아가서 '사회적 분배' 실험과 결합될 수 있다면, 사람들이 더욱 크게 기대할 만한 발전을 이룰 수 있을 것이다.

* 쓰촨성 광안廣安시에서 개최된 제8차 중국경제학 연례회의 폐회식 강연. 필자의 수정을 거침.

'충칭의 경험'과 제도혁신

중국공산당 제17기 5중전회에서 통과된 '12차 5개년계획' 초안의 가장 큰 특징은 처음으로 양적인 GDP 지표를 내세우지 않았다는 것이다. 대신에 '과학적 발전을 주제로 하고 경제발전 방식의 변화를 가속화하는 것을 중심노선으로 한다'는 내용이 핵심이 되었고, 동시에 '6대 견지'六個堅持*를 잘 수행하자는 내용이 제기되었다. 그 가운데 '경제발전 방식의 변화를 가속화하기 위해 민생 보장과 개선을 근본적인 출발점이자 입각점으로 삼는 태도를 견지한다'라는 부분은 주목할 만한 새로운 접근이라고 할 수 있다.

이에 앞서 2010년 6월에 열린 충칭시 제3기 당위원회 7차 전체회의에서는 「당면 민생사업의 성공적 수행에 관한 중국공산당 충칭시위원회의 결정」中共重慶市委關于做好當前民生工作的決定(이하 줄여서 「결정」)이 통과되었다. 그 속에는 '10대 민생공정'十大民生工程이라고 불리는 열 가지 조항의 의견이 포함되어 있다. '민생 보장과 개선을 최우선 순위에 놓는다'는 충칭의 결정은 상당히 전향적인 것으로서, 중국 전체에서도 가장 선도적인 시도이다. 충칭의 '10대 민생공정'**은 정책이나 정치 양 측면에서 모두 중대한 의미를 지닌다. 그 제도적 토대는 '국유자본과 민간자본의 공존공영'과 '충칭 토지거래소의 지표거래'***라는 양대 제도혁신이다.

민생개선과 경제발전의 상호보완

'10대 민생공정' 제1조는 공공임대주택 건설 속도를 올리겠다는 것이다. 3년 이내에 3천만 평방미터의 공공임대주택을 건설하

● 새로운 시대에 중국공산당의 선진성을 유지하기 위해 견지해야 할 여섯 가지 기본적인 사항. 첫째, 이상과 신념을 견지하여, 중국적 특색의 사회주의를 건설하기 위해 흔들림 없이 분투해야 한다. 둘째, 근면하게 학습하는 태도를 견지하여, '3대 대표'三個代表라는 중요한 사상을 철저하고 깊이 있게 학습하고 이해해야 한다. 셋째, 당의 근본적인 목표를 견지하여, 시종일관 당의 공공성을 지키며 인민을 위해 정치를 해야 한다. 넷째, 근면하게 사업하는 태도를 견지하여, 성실하고 진지하게 일류의 사업 업적을 창조해야 한다. 다섯째, 당의 규율을 준수하여, 당의 단결과 통일을 힘껏 지켜야 한다. 여섯째, '두 가지 반드시'兩個務必의 태도를 견지하여, 공산당원의 정치적 본색을 영원히 간직해야 한다. ('두 가지 반드시'란 마오쩌둥이 당의 제7기 2중전회에서, 내전 승리와 집권을 앞두고 중국공산당원이 반드시 가져야 할 두 가지 태도로 강조한 것. "첫째, 반드시 겸손하고 신중하며 교만하지 않고 조급해하지 않는 사업 태도를 계속 고수해야 한다. 둘째, 반드시 노력하고 분투하는 사업 태도를 계속 고수해야 한다.")
●● 이 책 145쪽 옮긴이 주 '민생 10조' 참조.
●●● 사용하지 않는 농촌의 건설용지를 농경지로 복원함으로써 확보된 건설용지 활용지수가 '지표'이고, 경작지 총량을 유지하면서 도시개발을 가능하게 하기 위해 토지거래소에서 이 수치를 거래하도록 한 것이 '지표거래'이다. 이 책 130쪽 참조.

여, "시장의 공급과 정부 보장이 함께 움직이는 '투 트랙'雙軌制형 주택공급 체계를 확립"함으로써, 도시의 주택공급에서 "하위계층은 정부가 보장하고 중간층은 시장에 맡기며 상위계층은 규제하는" 방식을 실현하는 것이 목표이다. 공공임대주택 건설 목표인 매년 1천만 평방미터는 충칭 주택 면적의 30~40%로, 이것이 달성되면 충칭시 인구의 30%를 차지하는 저소득층의 주택문제를 주민등록에 제한을 둘 필요 없이 해결할 수 있다. 6월에「결정」이 공포된 이후 지금까지 1천만 평방미터의 주택이 건설되었다. 공공임대주택은 주로 주택문제의 소외계층, 즉 갓 졸업한 대학생이나 해당 지역의 주거곤란 가정, 농민공, 외지에서 온 공무원 등에게 대규모로 공급되었다. 임대가격은 평균적으로 시장가격의 60% 수준이다. 충칭의 농민공 집단은 대부분 공공임대주택 신청 요건에 부합하기 때문에 충칭 공공임대주택의 3분의 1은 농민공에게 공급될 것이다. 최근 중앙정부의 3개 부처 및 위원회에서는 공문을 통해, 자금조성 모델을 포함한 충칭 모델을 전국적으로 확대 실시하도록 명확히 지시했다.

농민공의 주택문제 해결과 더불어, 사회보장과 자녀교육 등의 문제는 어떻게 처리할 것인가? '10대 민생공정'의 제7조인 "농민공의 주민등록문제 해결을 돌파구로 삼아 주민등록제도 개혁을 추진한다"는 것이 바로 그에 대응하는 조치이다. 충칭의 주민등록제도 개혁의 목표는, 농민공의 주민등록을 도시 소속으로 전환하도록 도와서, 도시 지역의 기본적인 각종 공공서비스를 향유하게 하는 것이다. 기본적인 계획은, 충칭의 도심主城 9개 구에서 5년 이상 일했거나, 또는 40개 구 및 현에서 3년 이상 일했거나, 중심진에서 2년 이상 일한 농민공 약 338만 명을 내년 연말까지 모두 도시 주민등록으로 전환해주는 것이다. 2010년 8월 15일에 시작된 주민등록제도 개혁으로 지금까지 77만 명의 농민공이 도시 주민등록을 갖게 되었다.

이 정책은 중국 전역에서 많은 논쟁을 불러일으켰고, 많은 오해도 받았다. 일부 언론에서는 주민등록제도의 개혁을 '10대 민생정책'의 하나로 보지 않고, 그저 단순히 '토지로 주민등록을 바꿔준 것인지', 그리고 정부가 토지, 즉 농민용 택지와 청부토지와 산림山林이용권을 원해서 도시 주민등록으로 바꿔준 것인지에만 초점을 맞추어 보도했다. 이 문제를 단편적으로만 본 것이다. 그러나 주민등록제도 개혁을 '10대 민생공정'의 하나라는 각도에서 이해한다면, 훨씬 더 전체적이고 객관적인 관점을 가지게 된다. 「결정」은 "주민등록을 전환한 주민의 택지, 청부토지, 산림이용권을 탄력적으로 환수하는 기제를 만들어서, 합리적인 과도기를 두어 그들의 합법적인 권리와 이익을 보장해주어야 한다"라고 명확히 규정하고 있다. 개혁은 자발성과 보상의 원칙을 견지해야 하며, 절대 강제로 진행해서는 안 된다. 사회의 오해를 불식시키기 위해 충칭시는, 3년의 과도기를 거친 후 자발성의 원칙에 입각해서 반납 여부를 선택하도록 하겠다고 명확히 밝혔다. 보상의 원칙이란 주로 주택 철거에 따른 보상, 농업 손실 보상 등의 경우에 해당된다. 그런데 충칭에는 다른 지역에 비해 보상이 한 가지 더 있는데, 지표거래를 통해 농민에게 제공되는 수익이 그것이다. 충칭시 정부는 지표거래로 생겨난 수익 가운데 최소 85% 이상을 농민에게 주어야 한다고 규정했다. 따라서 매 무마다 9만 6천 위안에 이르는 금액이 농민에게 돌아갔다. 이것만으로도 여타 지역의 같은 규모 토지에 부과된 보상 기준을 훨씬 뛰어넘는 것이다.

주민등록제도 개혁은 아동교육, 노동보험, 사회보장 등 여러 문제와 관련된 것으로, 정부 재정을 새롭게 투입해야 할 필요를 유발할 수 있다. 그런데 충칭은 무슨 배짱으로 이런 대규모 주민등록제도 개혁을 진행했던 것일까? 이는 지나치게 모험적이거나 무리한 일이 아니었을까? 많은 사람들은 농민공들이 도시 주민등록을 얻게 되면 빈민굴이 생겨날 것이라고 우려했고, 도시가 그들에게 충분한 일자리를 제공할 수 있을지 걱정하기도 했다. 그러나 이 문제는 정책의 상호보완성이라는 각도에서 볼 필요가 있다. 주택문제의 경우, 건설 예정인 공공임대주택의 3분의 1을 농민공에게 공급할 계획이므로 빈민굴이 생길 가능성은 전혀 없다. 바로 이런 것이 정책 사이의 상호보완성을 구현하는 것이라고 할 수 있다.

취업문제를 해결하기 위한 조치 역시 정책의 상호보완성을 구현한다. '10대 민생공정' 제9조는 "6만 개의 초소형기업을 육성하여 시민들을 위한 일자리 30만 개를 새로 창출한다"고 명시하고 있다. 여기서 초소형기업이란 종업원이 20명 이하이고 등록자본금이 10만 위안 이하인 기업을 의미한다. 초소형기업의 창업자는 대개 중간소득층 또는 저소득층에 속한다. 이런 초소형기업에 대해 충칭시 정부는 50%의 자본금을 보조해주기로 결정했다. 이 보조금은 사실상 상환을 의무화하지 않는 것이다. 충칭시 국유자산감독관리위원회는 향후 5년 동안 연속으로, 매년 국유자산의 경영 수입 가운데 1억 위안씩을 초소형기업에 대한 자본금 보조에 투입하겠다고 밝혔다. 시 재정국 등의 부서에서도 상응하는 조치를 내놓을 것이다. 나는 이런 방식을 '간접적인 사회적 분배'라고 본다. 국유기업의 수익은 전체 인민의 것이지, 기업 자신만의 것이 아니다. 따라서 사회적 분배의 방식으로 배분될 필요가 있다. 사회적 분배는 모든 개인에게 고루 돌아가게 할 수도 있고, 특별히 필요한 사람들에게 집중적으로 돌아가게 할 수도 있다.

이상의 사실은, 충칭의 '10대 민생공정'이 갖는 정책적 의의가 어떤 것인지를 잘 보여준다. 가장 큰 의의는, 「결정」이 민생정책과 경제정책의 상호보완성을 함께 고려했을 뿐 아니라, 각 민생정책 사이의 상호보완성도 함께 고려했다는 데 있다. 이 때문에 충칭은 '10대 민생공정'을 대규모이면서도 빠른 속도로 실시할 수 있었던 것이다.

'10대 민생공정'의 제도적 토대

충칭의 '10대 민생공정'은 또한 농촌 지역에서 노인들을 부양하고 아동들을 양육하는 문제를 포괄한다. 현재 충칭을 포함하여 서부지역의 농촌에는 마을공동화 현상이 보편적으로 나타나고 있다. 마을에 아동과 노인밖에 남아 있지 않아서 많은 문제가 발생하고 있다. 충칭의 '10대 민생공정' 가운데 두 항목의 조치는 바로 이 문제를 해결하기 위한 것이다. 즉 제5조 "충칭 전체 농민을 대상으로 한 양로보험을 우선 실시하여, 3백만 농촌 노인들의 양로문제를 해결한다"는, 홀로 남은 노인들에 대한 양로문제를 해결하기 위한 조치이다. 그리고 제6조 "농촌에 남겨진 130만 아동들을 보호 육성하여, 외지에 나가 일하는 그 부모 농민공의 걱정을 덜어준다"는, 부모와 떨어져서 남겨진 아동들의 건강한 성장을 보장하기 위한 일련의 지원 조치이다. 이 두 가지 조치는 모두 문제를 전반적인 차원에서 해결하려고 하는 시도이다.

충칭이 이처럼 대규모의 '10대 민생공정'을 선도적으로 시작할 수 있었던 것은 제도적 토대가 존재했기 때문이다. 그 제도적 토대는 충칭이 오랜 기간 진행해온 제도혁신과 관련이 깊다. 그것은 두 가지가 핵심인데, 하나는 '국유자산 가치 증대와 민간 재부 확대의 동시 추구'이고 다른 하나는 '지표거래를 통한 도농통합발전城鄉統籌發展 촉진'이다.

'10대 민생공정'의 제도적 토대 가운데 첫 번째는 '국유자산 가치 증대와 민간 재부 확대의 동시 추구'이다. 일반적인 시각으로 생각하면, 국유자산의 가치 증대는 필연적으로 민간자본의 위축을 가져올 것 같지만, 현실은 전혀 그렇지 않다. 오히려 그와 반대로, 충칭의 민간기업은 국유기업보다 더욱 빠르게 성장했다. 최신의 '후룬 부자 순위'胡潤百富榜*를 보면, 중국에서 민간기업가 순위 100위 이내에 드는 인물 가운데 25명이 충칭의 민간기업가이다. 민간기업과 국유기업을 대립시키는 관점을 '충칭의 경험'이 깨뜨리고 있는 것이다. 그것을 가능하게 하는 메커니즘은 국유자산 가치 증대를 통해 제3재정을 형성하는 것이다. 그럼으로써 정부가 민간기업이나 외자기업의 세수에 의존하지 않고도 세율을 보편적으로 내릴 여력을 갖게 된다. 그러면 민간기업이나 서민들은 비교적 적은 소득세만 내면 되니, 더욱 적극적으로 투자를 하게 되는 것이다. 국유자산 가치 증대를 통해 '제3재정'을 형성한다는 황치판 시장의 발상은 충칭시의 경제와 사회 발전에서 결정적으로 중요한 작용을 했다.

'충칭의 경험'은 '중국의 길'의 함의를 더욱 충실하고 풍부하게 만들었다. 익히 알려져 있듯이, 미국의 정당정치에서 우파인 공화당은 낮은 소득세를 원하고, 좌파인 민주당은 높은 소득세를 통해 '부자를 옥죄어 가난한 자를 구제하는'殺富濟貧 방식의 재분배를 선호한다. 그런데 이런 미국의 기준을 놓고 보면, 충칭의 방식은 이미 미국 정치학에서 말하는 좌파와 우파의 구분을 뛰어넘어, 일종의 중국적 특색을 갖는 발전모델을 형성한 것이라고 할 수 있다. 국유자산 가치 증대는 정부로 하여금 1차 분배와 2차 분배를 통해 민생을 보호할 수 있게 하고, 한 걸음 더 나아가 낮은 세율을 유지하여 민간자본과 외자의 발전까지 장려할 여력을 갖게 한다.

'10대 민생공정'의 제도적 토대 가운데 두 번째는 '지표거래를 통

● 중국 기업가들의 재산변동을 파악하여 순위를 부여하는 기관. 룩셈부르크에서 출생한 영국인 회계사 루퍼트 후게베르프Rupert Hoogewerf(중국명 후룬胡潤)가 1999년에 설립했다. 『후룬 100대 부호』胡潤百富라는 잡지를 발간하고 있다.

한 도농통합발전 촉진'이다. 지표거래는 충칭이 도농통합발전을 위해 시행한 중요한 제도적 혁신으로, 그 조직적 운영주체는 토지거래소이다. 충칭의 토지거래소는 시장화를 향한 개혁의 선구적 모델로, 전국에서 오직 충칭에만 존재한다. (이 밖에도 충칭에는 전국 유일의 축산물거래소와 의약품거래소도 있다.) 이런 거래소는 모두, 충칭이 시장이라는 수단을 통해 경제와 사회 발전을 추동하기 위해 전개하는 제도적 혁신의 산물이다.

지표거래제도는 중국의 두 가지 기본적인 국가시책과 관련이 있다. 그 하나는 도농통합을 가속화하고, 특히 도시화 건설의 과정을 앞당겨야 한다는 것이다. 그리고 다른 하나는 국제전략과 국가안보 차원에서 고려할 때, 18억 무라는 경작지의 마지노선을 깨뜨리지 말아야 한다는 것이다. 2005년 10월에 국토자원부에서는 '도시 건설용지 확대와 농촌 건설용지 축소 상호연계 시범사업에 관한 의견'을 발표했다. 충칭의 지표거래제도는 이런 '상호연계'를 위한 일종의 제도적 안배라고 할 수 있다.

도시화로 도시 인근의 농촌은 토지가치 상승에 따른 수익을 많이 누리는 반면, 도시에서 멀리 떨어진 농촌의 농민들은 도시화와 공업화로 인한 토지가치 상승의 혜택을 거의 누리지 못한다. 그런데 지표거래를 통해 농촌의 집단소유 건설용지와 도시 건설용지의 확대·축소를 상호연계하면 원거리와 광범위로 전환이 가능하게 할 수 있다. 도시에서 멀리 떨어진 농촌 지역의 토지가치를 대폭 상승시켜, 도시가 농촌을 부양하고 발전된 지역이 낙후된 지역의 발전을 이끌

수 있는 것이다.

지표거래이 본질은 토지개발권의 양도이다. 미국의 일부 주에서는 토지의 '개발권전환제'를 시행하는 곳도 있다. 개발권전환제는, 어떤 지역 내에서 계획에 따라 개발을 시행하는 토지소유자가 토지를 그대로 보유하려는 여타 토지소유자들로부터 충분한 '몫'의 토지개발권을 구입해야 비로소 토지개발을 진행할 수 있다는 내용의 제도이다. 중국의 현행 제도의 틀 안에서, 충칭의 지표거래는 사실상 도시의 건설용지 지표에 기여를 한 농민에 대한 혁신적인 보상방식이고, 토지개발권의 시장가치를 인정하는 바탕 위에서 작동되는 보상기제이다. 충칭시가 농민에게 제공하는 보상 가운데는 농업손실 보상비 등의 보상 이외에, 지표거래로 얻은 수익의 85% 이상을 제공하는 것도 있다. 이는 사실상 농민의 토지개발권에 대한 암묵적인 인정이고, 개발권의 시장가치의 실현이다.

중국런민대학의 저우청周誠 교수 같은 일부 학자들은 "'상승된 토지가치의 공유화'漲價歸公인가 '상승된 토지가치를 농민에게'漲價歸農인가'라고 문제를 제기한 바 있다. (영국의 존 스튜어트 밀과 미국의 헨리 조지가 주장한) '상승된 토지가치의 공유화' 이론에 의거하여 영국의 노동당 정부는 일찍이 1947~1953년에 토지개발권의 국유화를 실행했다. 즉 정부가 토지개발권을 거두어들여 토지가치 상승분을 전부 국유화한 것이다. 그러나 이런 조치를 장기간 유지할 수는 없어서, 부득불 '상승된 토지가치의 사유화'漲價歸私 제도로 돌아갈 수밖에 없었다. 그 근본적인 원인은 이런 정책이 부동산시장을 위축시키기 때문이었다. 영국의 사례를 통해서 알 수 있듯이, 극단적인 '상승된 토지가치의 공유화' 정책, 즉 토지소유자의 개발권을 완전히 부정하는 정책은 토지소유자의 기본적인 권리를 보호하지 못하는 것으로서, 시장경제의 수요에 부합할 수 없기 때문에 실행 과정에서 벽에 부딪쳐 실패하게 된다. 중국의 현실경제 속에서도, 토지를 잃은 농민들에 대해서는 과거 오랫동안 낮은 보상을 해주는 정책을 시행해왔다. 즉 중국의 경우도 '상승된 토지가치의 공유화'가 일찍부터 농지 환수에 따라 보상을 해주는 과정에서 실제로 준수되는 불문율과 같은 정책적 원칙이었고, 그에 수반하여 심각한 부작용도 발생했다는 것이다. 따라서 일부 학자들은 '상승된 토지가치를 농민에게'라고 적극 주장하면서, 문제의 원인과 해법을 모두 토지소유제 문제로 귀결시키기도 한다. 그러나 이런 시각 역시 총체적인 것이라고 보기는 어렵다.

사실 도시의 토지는 '4통 1평'四通一平*을 거쳐서 '원형지'生地를 '대지'熟地로 조성한 뒤라야 비로소 각종 개발을 진행할 수 있고, 시장가치의 상승을 가져올 수 있다. 농민 개인의 노력으로 되는 일이 아닌 것이다. 정부와 사회적 투자와 기업과 개인이 밀접하게 결합해서 효과를 발휘해야 비로소 토지의 가치 상승이 가능해지니, 거기서 생긴 수익을 모두 농민이 소유할 수는 없다. 쑨중산이나 헨리 조지

• '4통'四通이란 '수도 개통'水通, '도로 개통'路通, '전기 개통'電通, '통신 개통'電訊通을 의미하고, '1평'一平이란 '부지 정리'场地平整를 뜻한다.

나 스티글리츠 등은 모두, 토지의 가치 상승이 개인의 힘이 아니라 사회가 결합하여 발휘하는 효과를 통해 이루어진다고 보았고, 따라서 가치의 상승분은 주로 공유화되어야 한다고 생각했다. 쑨중산의 '평균지권' 사상의 본뜻은 토지개혁과 토지의 균등한 분배에 있는 것이 아니라(이 부분은 쑨중산의 '경자유전'耕者有田 사상을 통해 구현된다.), 토지의 가치 상승에 따른 대부분의 수익이 공유화되어야 함을 강조하는 데 있다. 물론 농민들도 토지의 시장가치 상승분의 일부를 향유해야 한다. 농민의 토지반환과 관련된 정책은 사실상 농민에게 부분적으로 개발권을 부여함으로써 토지가치 상승분의 일부를 갖도록 보장하는 것이다. 이 문제와 관련하여, 농민의 개발권을 존중하면서 동시에 '공유화'歸公와 '사유화'歸私의 관계를 잘 처리하여, 도시로 온 농민들이 더욱 빠르고 순조롭게 도시 생활에 적응할 수 있도록 보장해야 한다.

충칭의 토지거래소가 시장화라는 수단을 통해 농민이 개발권의 가치를 실현하는 것을 돕고, '상승된 토지가치의 공유화'와 '상승된 토지가치를 농민에게'라는 두 방향을 동시에 모색한 것은, '개발권전환제'의 혁신이라고 할 수 있다. 이 개발권의 시장가치는 토지거래소에서의 경매를 통해 확인되고 실현될 수 있으니, 지표의 경매가격은 사실상 농민이 포기한 토지개발권의 시장가격인 셈이다. 지표거래를 통해 얻은 수익의 85% 이상이 농민에게 제공되고, 거기에 농업손실 보상비 등이 추가로 지급되므로, 충칭의 농민은 지표거래를 통해서 비교적 높은 보상을 받는다고 할 수 있다. 이런 토지개발권거래소는 서구에도 생긴 적이 없다. 그저 미국의 일부 주 등 몇몇 지역에서 부분적으로 거래가 이루어졌을 뿐이다. 그러므로 충칭의 토지거래소는 중국뿐 아니라 전 세계적으로도 매우 중요한 제도적 혁신인 것이다.

지표거래가 효과를 발휘하는 기제는 과학적이고 엄격한 토지계획과 심사에 달려 있다. 이는 또한 충칭에서 대규모로 공공임대주택을 건설할 수 있게 하는 제도적 토대이기도 하다. 이런 대규모 건설을 위해서는 정부의 재정적 지원이 필요하고, 그보다 더욱 필요한 것이 토지이다. 여러 지역에서 공공임대주택을 대규모로 건설하는 것이 어려운 이유는 자금조성이 힘들기 때문이기도 하지만, 더욱 주요하게는 개발업자들이 사전에 미리 토지를 장악하여, 전체 주택의 30~40%를 공공임대주택으로 건설할 만큼의 충분한 토지가 없기 때문이다.

2001년에 황치판은 상하이를 떠나 충칭시 부시장으로 부임하면서 '계획에 의거하여按規劃 사업을 관리하고帶項目 토지를 허가한다批土地'는 방침을 발표했다. 이로써 개발업자들의 토지점유 행위를 방지하겠다는 것이었다. "우리가 3년이나 5년이나 10년 동안 사용해야 할 토지라면, 계획과 관리의 측면에서 보더라도 시급 지방정부의 토지보유센터가 그것을 보유해야 합니다. 만약 정부가 비교적 많은 토지자원을 보유하고 있다면, 아무리 부동산가격이 오르고 그런 가격에 토지매물이 나오더라도 정부가 사실상 가격을 통제할 수 있습니다." 충칭시 정부는 지난 5년 동안 시종일관 하나의 원칙을 지켜왔다. 상업용 부동산 토지 경매가격이 그 토지 주변의 단위건축면적당 평균 토지가격의 3분의 1을 절대 초과하지 못하게 한 것이다. 따라서 충칭 정부가 토지를 경매해도, 부동산가격을 끌어올리는 작용을 하지 않았다. 현재 충칭 도심의 주택 평균가격은 평방미터당 6~7천 위안 안팎으로, 경제발전 수준이 비슷한 여타 도시에 비해서 낮다. 충칭이 이럴 수 있었던 것은 우선 토지가격이 통제되었기 때문이고, 또한 공공임대주택을 건설할 수 있는 충분한 토지가 있었기 때문이다.

'내륙의 개방 근거지' 모델의 혁신

보시라이薄熙來는 충칭시위원회 서기가 된 후 '내륙의 개방 근거지'內陸開放高地 건설이라는 과제를 제기했다. 거기에는 다음의 두 가지 이유가 있다. 첫째, 내륙지역에 위치한 충칭은 물류 측면에 우위가 없기 때문에, 부득불 중국의 가공무역이 본래 처해 있던 '원재료도 국외에서, 판매도 국외에서'兩頭在外라는 국면을 타파하고, '원재료든 판매든 하나만 국외에서'一頭在外라는 모델에 대한 모색을 시작해야만 한다. 즉 원재료를 국외에서 수입한다면 부품생산이나 제품판매는 중국 내에서 소화해야만 하고, 원재료를 중국 내륙지역에서 조달한다면 생산품의 수출에 매진해야만 한다. 휴렛-팩커드HP는 충칭에 세계 최대의 생산기지를 건설할 예정인데, 투자가 완료되어

생산이 진행된다면 노트북의 연간 생산량이 8천만 대에 이르게 된다. 휴렛-팩커드는 싱가포르에 있던 회계센터를 이미 충칭으로 이전했고, 충칭시에 세금을 납부하고 있다.

둘째, 내륙의 개방도시로서 충칭은 중국의 '해외진출'走出去 전략의 가장 성공적인 사례로 꼽힌다. 예를 들면, 충칭식량그룹重慶粮食集團*은 브라질에 3백만 평방킬로미터의 토지를 구입했다. 이는 중국의 현 6~7개를 합한 면적에 해당하는데, 이로부터 기존에 중국이 대두大豆의 3분의 2를 미국에서 수입하던 상황이 일거에 뒤바뀌게 되었다. 또한 장지동張之洞**의 한양철강공장漢陽鋼鐵廠이 전신인 충칭철강공장重慶鋼鐵廠은 오스트레일리아에서 철광석 광산을 매입했다. 그리고 충칭기전그룹重慶機電集團은 영국 맨체스터에서 정밀실험기기 관련 기업을 사들였다.

2010년은 중국이 외환보유고를 이용하는 방식의 중요한 전환점이 되었다. 2010년 11월 8일자 영국 『파이낸셜 타임스』가 제공한 자료에 따르면, 2010년 상반기에 중국은 경화자산hard assets에 310억 달러를 투자했다. 같은 시기 미국 국채에 투자한 액수는 230억 달러에 그쳤다. 『파이낸셜 타임스』가 의뢰한 분석에 따르면, 중국기업들은 2010년부터 지금까지 246억 달러를 출자하여 해외의 석유와 천

---

* 2007년에 시정부가 비준하여 설립한 국영기업집단. 충칭시 전체의 3백여 개 국영식량기업과 기존의 충칭량유그룹重慶粮油集團을 합병하여 설립. 창장長江 상류지역에서 식량산업화를 추구하는 최대 규모의 기업.
** 1837~1909. 청나라 말기의 학자이자 개혁적 정치가. 중체서용론中體西用論을 주장하고, 부국강병을 위해 서양의 기술을 도입하여 많은 공장을 세웠다.

연가스 자산에 투자했다. 이는 같은 시기에 이 분야에서 거래된 액수의 5분의 1에 해당하는 규모이다. 물론 일정 기간 동안의 흐름에 불과한 것일 수도 있지만, 이 수치들이 갖는 의미는 매우 크다. 이는 사실상 중국기업의 '해외진출' 전략이 새로운 단계에 진입했음을 알리는 신호인 것이다. 충칭의 국유기업은 중국 전체에서 해외투자의 선두를 달리고 있고, 이것은 충칭이 '내륙의 개방 근거지'를 세우기 위한 중요한 경로라고 할 수 있다.

종합적인 차원에서 나는 충칭이 시행하고 있는 방식을 '진행형인 충칭의 경험'이라고 요약한다. 거기에는 최소한 다음의 네 가지, 즉 '국유자산 가치 증대와 민간 재부 확대의 동시 추구', '지표거래를 통한 도농통합발전 촉진', '삼진삼동을 통한 당의 대중적 토대 재건', '원재료든 판매든 하나만 국외에서'라는 모델을 통한 '내륙의 개방 근거지' 건설이 반드시 포함되어야 한다.

충칭의 '10대 민생공정'은 '진행형인 충칭의 경험' 안에서 생겨난 것으로, '충칭의 경험'의 정수를 집중적으로 구현하고 있다. 또한 '원재료든 판매든 하나만 국외에서'라는 모델을 통한 '내륙의 개방 근거지' 건설은, '충칭의 경험'이 중국의 개혁개방 사업과 통일되어 있다는 것을 잘 보여준다.

* 2011년 1월 24일자 『제일재경일보』第一财经日报에 수록.

프티부르주아 사회주의에서
충칭의 제도개혁까지

류준필(인하대학교 한국학연구소)

이 책의 저자 추이즈위안은 이미 꽤나 널리 알려진 지식인으로 현재 중국 칭화대학교 교수로 재직하고 있다. 1990년대 중반 중국에서 이른바 구좌파와 구분되는 신좌파가 등장했을 때 신좌파의 한 사람으로 분류되면서 중국 지식계의 다양한 논쟁에도 관여했다. 2000년대에 들어와서는, 후진타오 정권의 출범에 즈음하여 '워싱턴 컨센서스'에 맞서는 '베이징 컨센서스'의 출현 가능성을 타진하는 움직임을 마련하려고 노력하였다. 개혁개방 30주년이 되는 2008년 이후로는 중국식 발전모델의 존재 가능성을 놓고 심각한 토론이 진행되는 가운데, 보시라이 당서기와 황치판 시장이 주도한 충칭개혁에도 깊숙이 참여하였다.

프티부르주아 사회주의의 복권을 외치다

추이즈위안은 스스로의 사상적 입지를 프티부르주아(소자산 계급) 사회주의 전통에 둔다. 동시에 중국의 사회주의 시장경제를 그러한 사상적 시야 속에서 분석하고 해석한다. 이 책에 수록된 추이즈위안의 「프티부르주아 사회주의 선언: 자유사회주의와 중국의 미래」 (2003)에 따르면, 프티부르주아 사회주의의 경제적 목표는 개혁과 기존 금융시장 체제의 전환을 통해 '사회주의 시장경제'를 건설하는 것이다. 또한 그 정치적 목표는 '경제적 민주주의와 정치적 민주주의'를 건설하는 것이다. 중국 현실을 감안할 때 '프티부르주아'라는 개념은 당연히 농민을 포함한다. 아니, 농민을 중심에 둔 개념이라고까지도 할 수 있다.

추이즈위안은 프루동의 토지소유제론을 프티부르주아 사회주의의 중요한 사상적 원천으로 이해한다. 프루동은, 인구의 가변성과 토지 면적의 유한성이 상호모순을 일으키지 않기 위해서는 토지소유제가 개인의 무기한 소유에 기초해서는 안 된다고 본다. 달리 말해 개인의 토지소유제가 인구 변화에 조응할 수 있다면 이것은 다른 제도적 형식이 작용하기 때문이라고 할 수 있다. 추이즈위안은 중국의 토지소유제가 촌락공동체의 집단소유에 기초한다는 점에서 프루동의 통찰력이 제도적으로 구현되고 있으며 프루동식의 프티부르주아 사회주의를 함의한다고 주장한다.

이어서 존 스튜어트 밀의 '주주의 유한책임'을 거론하면서 중국이 지향하는 '현대적 기업제도'가 곧 자본주의적인 것은 아니라는 점을 부각한 다음, 제임스 미드의 '자유사회주의'가 강조하는 '노자합자기업' 개념을 원용하여 중국 향진기업의 주식합자제도가 이와 유사한 제도적 근친성을 갖는다고 설명한다. 그리고 시장경제와 자본주의를 구분한 브로델의 유명한 논의에 따라 사회주의 시장경제와 자본주의의 거리를 다시금 환기하고자 한다.

추이즈위안은 1990년대 러시아의 급진적 사유화 정책이 초래한 다양한 혼란과 난점을 실례로 들며 국유자산의 전면적 사유화가 커다란 재앙으로 작용할 수 있을 뿐만 아니라, 중국의 사회주의 시장경제는 러시아의 경제체제와는 그 성격이 근본적으로 다르다고 강조한다. 이것은 러시아의 자본주의화 경로에 대한 부정적 입장 표명이면서 동시에 러시아의 경험을 근거로 중국의 사회주의 시장경제를 인식하는 방식은 부적절하고 부당하다는 의미를 내포한다.

그렇다고 해서 중국식 체제의 예외성을 부각함으로써 배타적인 태도로 일관한다는 오해에 대해서도 비판적이다. 가령 중국 주식시장에 상장된 국유주의 성격에 정당성을 부여하기 위해, 추이즈위안은 18~19세기 미국 역사에서 존재했던 '혼합기업'을 참고사례로 제시한다. 이때의 '혼합'이란 미국의 주정부가 개인주주들과 더불어 주주의 하나가 되는 것인데, 이 사례를 중국의 '국유주 지분 참여'와 거의 유사하다고 이해한다.

나아가, 추이즈위안은 금융-화폐가 야기하는 자본주의의 심각한 문제를 조절해갈 수 있는 제도적 혁신을 게젤의 아이디어를 통해

거론한다. 이미 케인스도 주목한 바 있는 게젤의 '스탬프 화폐' 개념
이다. 이것은 교환의 매개체와 가치 저장의 도구라는 화폐의 두 가
지 기능을 분리하는 흥미로운 발상이었거니와, 화폐의 가치 저장 기
능을 적어도 약화시키려는 의도에서 고안된 것이었다. 추이즈위안
은 게젤의 '스탬프 화폐' 방안이 프티부르주아 사회주의의 경제적 발
상과 가까운 이웃이라고 설명한다. 사회주의 시장경제라는 그 명칭
그대로, 시장경제를 폐지하는 것이 아니라 금융체제의 개혁과 혁신
을 통해 훨씬 자유롭고 균등한 기회가 보장되는 체제가 가능할 수
있다는 것이다.

추이즈위안은 생산과정에 개재되는 정치적 요인을 부각하기 위
해 마르크스 분업론의 이론적 원천인 애덤 스미스의 분업론을 비판
한다. 이것은 두 가지로 나누어지는데, 하나는 애덤 스미스의 분업
론이 기술적 분업과 사회적 분업을 구분하지 못하였다는 비판이고
다른 하나는 시장 수요의 안정성 여부를 고려하지 못하였다는 비판
이다. 노동의 능동성과 창조성을 창출하고자 하는 목표를 지향하는
주장이라고 할 수 있는데, 결국 사회적 분업이라는 용어를 통해 엿
볼 수 있듯이 사회적 조직과 정치적 역량이 생산과정과 깊은 관련이
있음을 확인하는 노력이기도 하다.

이러한 성격으로 프티부르주아 사회주의의 전통과 그 의의를 재
구성한 추이즈위안은, 중국의 지성사에도 인류학자 페이샤오퉁을
대표격으로 하는 프티부르주아 사회주의의 전통이 엄연할 뿐만 아
니라 소상품생산의 소규모 경제 가능성을 적극적으로 타진하는 당

대 법학자 웅거의 재산(소유)권 이론도 동일한 지적·역사적 전통의 산물이라고 주장한다. 요컨대 프티부르주아 사회주의는 그간의 적잖은 의혹과 실패에도 불구하고 지속되어왔고, 그러한 시각을 통해 중국의 사회주의 시장경제에 내포된 의의와 현실을 정당하게 인식할 수 있다는 뜻이다.

'중국 : 서방西方'이라는 이분법에 맞서서

프티부르주아 사회주의에 대한 추이즈위안의 이론적·사상적 정리는 아무래도 경제체제와 밀착된 논의일 수밖에 없다. 이에 추이즈위안은 「'혼합헌법' 그리고 중국정치의 세 층위 분석」(1998)에서, '혼합헌법'이라는 용어를 통해 중국의 정치적 현실과 그 제도적 의미를 탐색한다. 혼합헌법이란 기실 왕정, 귀족정, 민주정 등 세 가지 정체가 종합된 혼합정체를 말한다. 추이즈위안이 아리스토텔레스의 유명한 삼분법에 연원을 둔 혼합정체론을 끌어온 것은, 중국 정치의 세 가지 층위―'상층(중앙정부), 중층(지방정부와 신흥자본세력), 하층(일반국민)'과의 유비관계를 의식하는 데서 비롯된 것으로 보인다.

이런 문제의식에서부터 추이즈위안은 아리스토텔레스, 폴리비우스, 마키아벨리 등이 혼합정체의 세 가지 성격에 대해 어떤 주장을 펼쳤는지 살핀 다음 이러한 논의가 현대적 의미의 민주주의와 어떤 관련이 있는지 다시 한 번 확인한다. 이때 논의의 중심 대상은 루소의 이론에 담긴 주권과 정부형태를 엄격히 구분히는 지점이고, 이어서 토크빌, 베버, 마넹 등의 사례를 들어 현대 정치제도와의 관련성을 정리한다.

독자들이 보기에 정치학개론 교과서 수준의 내용을 이렇게 설명하는 이유는, 물론 1990년대 이전까지 서구 정치사상에 대한 연찬이 부족하였던 중국 지식계의 상황에서 일차적으로 기인하는 바 크지만, 그에 못지않게 추이즈위안이 실질적으로 비판하고자 하는 중국 내부의 경향이 친서구적이기 때문인지도 모른다. 단적으로 추이즈위안이 세 가지 층위를 강조하는 것은 당시 중국 내부의 주류적 패러다임인 '국가-(시민)사회' 이분법에 입각해서는 중국의 정치·사회 개혁의 올바른 경로를 마련하는 데에 실패할 위험성이 높다는 이유에서였다.

예를 들어 추이즈위안이 판단하기에, 극심한 변혁을 겪고 있는 중국에서 권력의 부패와 자본의 횡포로 대표되는 심각한 문제는 중층, 즉 지방정부와 신흥자본세력에 의해 주로 야기되는데, 이를 국가-시민사회라는 이분법의 틀로 이해하게 되면 중앙정부의 권력이 약화되고 일반 인민들의 고통이 커질 뿐 중층을 견제할 수 있는 방안을 마련하기 어렵게 된다. 추이즈위안이 마키아벨리를 논하면서 군주와 인민의 연대를 강조한 것도 이런 맥락에서라고 할 수 있다. 결과적으로 후진타오 시대로 접어들면서 추이즈위안과 유사한 입장이 적잖이 고려되었음은 분명한바, 국가-시민사회의 이분법이 일방적으로 관철되지는 못했다고 할 수 있다.

이상의 내용을 통해 충분히 엿볼 수 있듯이 추이즈위안은 이른바 서방의 기준으로 중국의 현실을 판단하는 시각을 경계하는 한편, 동구 사회주의 국가의 일반적 존재 양상과도 구분되는 중국적 현실과 경험의 독자성을 적극적으로 고려하는 것으로 보인다. 하지만 동시에 서구의 전통에 내재된 요소들을 당대 중국적 현실을 해명하는 데 적극 활용하기도 한다. 이러한 태도는 이른바 '제3세계' 지식인들이 자주 대면하는 질문, '보편'과 '특수' 혹은 '서구중심주의'와 '문화상대주의'의 관계를 어떻게 이해할 것인가 하는 익숙한 논란과 연결되게 마련이다. 추이즈위안 또한 예외일 수는 없었던 듯하다.

「제3세계에서 서구중심주의와 문화상대주의의 초월」(1997)은 '더 나아짐' 즉 '진보'에 대한 관념과 인식을 다루고 있다. 무엇이 더 나아지는 것인가. 무엇이 진보하는 것인가. 추이즈위안에게는 서구 추종의 서구중심주의든 문화특수론이든 모두 '특수'에 빠진 시각으로 보인다. 추이즈위안에게 보편이란 '인간 본연의 자기긍정'인데 이 자기긍정은 어떤 한정적 묘사로 규정할 수 없는 것이다. 이것은 또한, 보편은 항상 특수의 형태로만 존재하지만 어떤 특수도 보편의 의미나 존재 형태를 홀로 다 구현할 수는 없다는 뜻이기도 하다.

추이즈위안은 한정할 수 없다는 '무한'이라는 개념을 통해 보편-특수의 순환론적 난관을 벗어나고 싶어한 듯하다. 서구중심주의든 문화상대주의든 결국 인간의 자기긍정에 내재된 무한성을 제대로 이해하지 못하고 '특수'의 제약 속에 갇힌 시각일 뿐이다. 그러므로 자기긍정의 무한성 자각을 통해 '불가피한' 진보가 아닌 '가능한'

진보를 실현하는 것이 비서구사회의 역사적 과제가 된다. 추이즈위안은 그것을 제도의 창조적 혁신이라는 영역에서 구현할 수 있다고 믿는 지식인이다.

물론 얼마간의 토를 달 수는 있을 듯하다. 자기긍정 혹은 확신의 무한정적 무한이 가능한 보편이라면 그러한 자기긍정은 어떻게 가능한가. 긍정은 그 자체로 주어지는 것인가. 긍정의 근거는 무엇이고 긍정은 어떻게 시작되는가. 자기긍정의 정당화는 어떤 경로로 가능한가. 추이즈위안의 논리를 듣자니, 제도의 창조적 혁신이라는 결과가 다시 자기긍정의 '무한'을 낳는 근거가 되는 순환론 같다. 자기긍정을 위해 제도혁신이 필요하고 제도혁신이 자기긍정을 낳는다.

추이즈위안이 중국의 인권문제와 관련해서 접근하는 태도 또한 거의 유사한 방식으로 진행된다. 단적으로 「'아시아적 가치' 대 '서구적 가치'라는 사유방식을 넘어서: 인권문제를 보는 시각」(2008)에서 '아시아적 가치–서구적 가치'라는 이분법을 넘어서야 한다는 주장으로 나타난다. 개인의 권리의 상대성을 인정한다는 것은 공/사의 경계 자체가 절대적이 아니라 상대적임을 인정하는 것과 마찬가지라는 것이 그 요지이다.

사형제도, 언론과 출판의 자유, 노동조합 조직 등의 항목을 통해 다루는 것도 결국 중국적 독자성의 맥락으로 보인다. 그렇지만 인권은 인류의 보편적 가치임을 인정한다고 해서 인권이 실체적이라는 뜻은 아닐 것이다. 그럼에도 인권을 전제하는 것은 어떤 효과 때문일 수도 있지 않을까. 뿐만 아니라 인권의 보편–특수론은 개인의 권리는 늘 특수한 권리(들)로 표현되지만 개인의 권리 그 자체는 무한 정적 무한의 보편이라는 식으로 이해할 수도 있지 않을까. 개인 스스로도 양도 불가능한 권리라는 규정 속에는 이미 특수의 보편화가 내포된 것은 아닐까.

충칭 제도개혁의 의의를 적극 천명하다

널리 알려져 있다시피 추이즈위안은 이른바 충칭개혁에 적극적으로 참여한 지식인이다. 1990년대 중반 중국에서 '신좌파'라는 조어가 퍼질 수 있는 계기를 마련한 인물이라고 해서 유명세를 탄 추이즈위안이지만, 사회정치적 영역으로까지 실질적으로 그 존재감을 뚜렷하게 드러낸 것은 충칭지역의 제도적 창신에 헌신하는 장면이었던 것으로 보인다. 이미 한국에서도 충칭모델 혹은 충칭실험은 여러 사람에 의해 여러 차례 검토된 바 있지만, '보시라이 사건'은 특히 충칭의 존재가 두루 알려질 수 있었던 직접적 계기였다.

2012년 중국의 차기 지도부 선출과 깊은 관련을 가지고 발생한 보시라이 사건은 중국 안팎에 적잖은 파장을 일으켰다. 보시라이 충칭시 당서기와 같은 야심찬 정치적 욕망도, 황치판 충칭시장과 같은 실무관료의 거대한 정책적 실험도, 추이즈위안의 프티부르주아 사회주의와 같은 이론적 구상 등을 모두 끌어안고 있던 충칭개혁이었다. 여기에 중국 내부의 마오주의자들까지 얽혀들면서 2010~11년의 충칭은 늘 논란의 중심이 되곤 했다. 시진핑 시대의 시작과 보시라이의 몰락이 본격화되면서 충칭의 열기는 다소 가라앉은 듯하지만, 어쩌면 지금이야말로 충칭개혁의 경험을 찬찬히 따져볼 적기인지도 모른다.

충칭개혁을 논란의 핵심으로 떠오르게 만든 제도적 혁신 가운데 하나가 2008년의 농촌토지거래소 설치였다. 실질적으로 도시화의 진행은 많은 농경지의 축소를 야기하는바, 충칭의 토지거래소는 이른바 '지표거래'라는 제도를 통해 건설·개발과 농업용지의 상호 모순이라는 문제에 창조적으로 대응하기 시작했다. '지표'란 사용하지 않는 농민의 주택, 향진기업, 공공시설 등 농촌의 건설용지를 농경지로 전환함으로써 확보되는 건설용지의 활용 지수이다. 농촌토지거래소에서는, 이렇게 확보된 건설용지의 수치를 건설용지가 필요한 대상에게 거래를 통해 양도할 수 있다. 지표거래제도는 농촌의 집단소유 건설용지와 도시 건설용지의 확대·축소를 연계시켜 농업용지를 일정 규모 이상 유지할 수 있도록 할 뿐만 아니라, 도시에서 멀리 떨어진 농촌의 토지가치를 상승시켜, 도시가 농촌을 부양하고 발전된 지역이 낙후된 지역의 발전을 이끌도록 하겠다는 목표의 산물이다.

여기에는 중국의 또 다른 근본 문제라 할 수 있는 농민공 문제도 함께 고려되고 있다. 농민공의 주민등록제 개혁 추진이 곧장 뒤이어진 이유이기도 하다. 도시 주민과 농촌 주민의 구분에 기초한 중국식 주민등록제에 따라 특정한 조건의 농민공에게 도시 거주민으로

등록할 수 있게 하고, 이로 인해 야기되는 주택문제, 실업문제, 사회적 안전 등 도시화의 제반 문제에도 동시적으로 대응한다. 그 핵심은 지표거래 과정에서 충칭시 혹은 정부가 건설용지를 충분히 보유하는 데에 있다. 예컨대 충칭시 정부가 토지를 충분히 보유함으로써, 대규모로 공공임대주택을 건설하고, 도시 주민등록으로 전환한 농민공들을 그 공공임대주택의 주요 세입자로 받아들인다는 것이다.

충칭개혁에서 시행된 정책과 실험이야 훨씬 다양하고 복잡하겠지만, 지식인 추이즈위안에 초점을 맞추고 질문을 단순화한다면 결국 '국가란 무엇인가'가 아닐까 한다. 이에 대한 기본 입장은 추이즈위안이 충칭개혁의 핵심을 간추리는 방식에 잘 드러난다. 첫째는, 공유자산의 시장 수익은 사회적으로 분배되어야 한다는 것이고, 둘째는, 공유자산의 시장운용 수익이 정부로 하여금 민간의 부를 증대시키는 근거가 된다는 것이다. 공유자산이라고 하지만 결국 추상화하면 국가라 할 수 있다.

국가가 물러나야 민간부문의 자율성이 증대되고 부의 증진이 가능하다는 입론에 맞서, 추이즈위안이 주장하는 바는 '국유부문과 민간부문의 공동 발전'이다. 중국식 표현으로 바꾸면 '국가가 발전하고 인민도 발전한다' 國進民也進이다. 추이즈위안의 입장이 당대 지식인들에게서 얼마나 지지를 받는지는 알기 어렵지만 어떻든 간에 적잖은 논란을 제공하기에는 충분해 보인다. '국가'라는 문제는 개혁개방 이후 내내 쉼 없는 토론을 낳은 주제였고, 특히 추이즈위안이 등장한

1990년대 중반 이후 10년간 중국 지식계를 뜨겁게 달구었던 핵심 논쟁 가운데 하나였다. 돌이켜보자니, 한국이라고 해서 별반 예외는 아니었던 듯하다.

'소년의 마음', 그 잔상 앞에서

혹여 이 책에 담긴 추이즈위안의 글, 특히 2008년 이후의 글을 읽고 추이즈위안이 특정 '홍보부' 소속이 아닌가 묻는다고 할 때, 제도와 정책의 영역에서 홍보와 신념의 거리가 얼마인지 혹은 그 둘을 어떻게 분간할 수 있는지 나로서는 짐작하기 어렵다. 더군다나 중국의 담론장과 복잡한 현실을 잘 알지도 못하는 처지라 더욱 그렇다. 그런 탓에 나는 개인적 만남의 경험을 내밀 수밖에 없다. 나는 추이즈위안을 두어 차례 만나 이야기를 나눈 적이 있다. 한 번은 칭화대학교로 찾아가서 만났고 다른 한 번은 한국으로 초청해서 만났다. 특히 칭화대학교 연구실에서의 첫 만남은 아주 인상적이었다. 내가 만난 추이즈위안은 세련된 외모에 소탈한 성품이었다. 권위나 허세는 잘 느껴지지 않았다. 잘 웃고 친절했다. 대화 내내 추이즈위안의 얼굴에 피어오르던 '소년의 마음'은 기억에 뚜렷하다. 언젠가 다른 중국 지식인 한 분이 나에게 "즈위안은 귀여워요可愛"라고 말할 때, 아마 그분도 내가 보았던 '소년의 마음'이 떠오르지 않았을까 싶다. 그런 마음이 정말 있었는지, 설령 그랬다고 해도 여전히 남아 있는 것인지는 솔직히 모를 일이다. 그렇지만 만약 충칭이 많은 것들을 끌어당긴 힘이 있는 곳이었다면, 추이즈위안의 발걸음이 그곳을 향하게 한 이유를, 나로서는 '소년' 추이즈위안의 마음 한 자락에서 찾아야 할 듯싶다. 나는 내가 보았던 그 '소년의 마음'에 여전히 걸고 싶기 때문이다.